Köstlichkeiten aus aller Welt
Band 17

100 karibische Gerichte

von

Rose Marie und Thomas Donhauser

1993

Dreisam Verlag, Köln

Die Deutsche Bibliothek — CIP-Einheitsaufnahme
Donhauser, Rosemarie:
100 karibische Gerichte / von Rose Marie und Thomas Donhauser. - Köln
: Dreisam-Verl., 1993
(Köstlichkeiten aus aller Welt ; Bd. 17)
ISBN 3-89452-400-6
NE: Donhauser, Thomas :; Donhauser, Rosemarie : Hundert karibische Gerichte; Donhauser, Thomas; Hundert karibische Gerichte; GT

1. Auflage 1993
ISBN 3-89452-400-6

Satz: Hayit Verlag GmbH, Köln
Druck: Interdruck, Leipzig

1.6/10.3/Hb//Gj

Inhalt

Die Rezepte

Was dieses Buch Ihnen bietet

Allein schon der Frische wegen ist die originale karibische Küche wohl nur vor Ort so richtig zu genießen. Doch lassen sich viele Rezepte und typische Aromen auch „außerhalb“ erfolgreich umsetzen — und damit kann man die heitere Atmosphäre dieser sonnenbegünstigten Inselwelt auch zu Hause beschwören.

*** Eine typische Rezeptesammlung — von Kuba bis Tobago**
Die unserer Meinung nach besten geeigneten Rezepte wollen wir in diesem Buch an Sie weitergeben, wobei ein interessanter Querschnitt durch die verschiedenen Inselküchen gegeben wird.
Selbstverständlich dürfen Fisch und Meeresfrüchte hier nicht fehlen, aber auch wer Cocktails liebt, kommt auf seine Kosten, und wer Süßes mag erst recht.

*** Tips zum Kochen und Zubereiten**
Ob Kokos-Sahne oder „Pepper-Wine“, wo immer möglich, wird dargestellt, wie man eher ungewöhnliche Würz- und Aromamittel zu Hause selbst herstellen kann oder auch, wie man mit weniger bekannten Lebensmitteln richtig umgeht.

*** Annato-Öl, Tapioka, Surullitos und Co.**
Typische Zutaten, Gewürze und Speisen werden im einzelnen vorgestellt; und bald werden Ihnen die exotischen Namen genauso vertraut sein wie die Bezeichnungen „Möhre“ oder „Kartoffel“.
Bei allen Zutaten wurde darauf geachtet, daß diese im heimischen Angebot erhältlich sind; weniger typische Zutaten können in gut sortierten Obsthandlungen (hier kann man in der Regel auch vorbestellen) oder in den Spezialitätenabteilungen großer Kaufhäuser erworben werden. Und insbesondere bei den Rezepten mit fernöstlichem Einschlag findet man die ein oder andere Zutat auch in „Asien-Shops“.

Bei eventuell schwer erhältlichen Zutaten wird aber auf Ersatzmöglichkeiten hingewiesen. Und auf Rezepte mit z.B. fliegenden Fischen, „Berghühnern“ (große Froschschenkel) oder Seeigeln wurde aus verständlichen Gründen gänzlich verzichtet ...

*** Schnell und preiswert?**

Hier sei gleich vorweg eine kleine Einschränkung gegeben: Wie bei den anderen Titeln der Serie „Köstlichkeiten aus aller Welt“ haben wir uns auch bei diesem Buch grundsätzlich darum bemüht, Gerichte auszuwählen, die den Stichworten „preiswert“ und „schnell zuzubereiten“ gerecht werden.

Will man sich jedoch eng an den Originalrezepten orientieren, wird dies oft schwierig. Viele typische Karibik-Gerichte sind z.B. Eintopf-Gerichte, die man lange schmoren läßt — zumindest in bezug auf die Garzeiten ist das Stichwort „schnell“ also nicht immer zutreffend.

Und auch in bezug auf die Kategorie „preiswert“, kann dieser Anspruch bei manchen Rezepten wohl nur gelten, wenn man vor Ort kocht; hierzulande wird es insbesondere dann teurer, wenn Meeresfrüchte oder exotische Obst- und Gemüsesorten auf dem Küchenzettel stehen, wenn man also auf importierte Lebensmittel zurückgreifen muß.

Aber probieren Sie selbst ...

Viel Spaß beim Kochen und guten Appetit wünschen Ihnen

Rose Marie und Thomas Donhauser

Die Rezepte sind, falls nichts anderes angegeben wurde, für **vier gute Esser** ausgerichtet.

Karibische Küche(n) — eine kleine Kostprobe

Durch einen kleinen Irrtum hat er eine „neue Welt" entdeckt: 1492 stieß der große Seefahrer Christoph Kolumbus auf Land, das seinen Aufzeichnungen nach Indien sein mußte — tatsächlich aber hatte ihn die Fahrt zu den Inseln im karibischen Meer geführt. Gebannt von seiner Entdeckung war er jedoch allemal: Kolumbus beschrieb in seinen Tagebüchern, daß eine derartige Schönheit und Üppigkeit der Inseln von faszinierender Anziehungskraft seien.

Die „neue Welt" wurde bald zum Mekka und zum prädestinierten Lieferanten für Neuheiten, die man in Europa nicht kannte: Köstliche exotische Früchte, Gemüse und Nüsse wurden bald neben vielem anderen begehrte Importwaren.

Viele Nationen wachsen zusammen
Weniger glücklich erging es den einheimischen Völkern. Die ansässigen Indianerstämme wurden rücksichtslos ausgebeutet und fast ausgerottet — und fremde Menschen vieler Nationen bevölkerten bald die „neue Welt". Zu den spanischen Kriegsherren gesellten sich Franzosen, Briten und Holländer, und in diesem meist wenig freundlichen Neben- und Nacheinander der neuen „Herren" blieb den ursprünglichen Einwohnern der karibischen Inseln nichts erspart: Rivalitäten und Uneinigkeiten der Europäer wurden in der Karibik ausgefochten, europäische Besitzherren sicherten sich im Ausverkauf der Karibik ihre Pfründe, und die Sklaverei wurde erst im 19. Jahrhundert offiziell abgeschafft.

Mit dem Ende der Sklaverei nahm der Zustrom von Menschen aus den verschiedensten Winkeln der Welt jedoch eher noch zu — denn Arbeit gab es genug Die Rassen vermischten sich, und heute leben hier Menschen, die neben europäischen auch afrikanische, ostasiatische oder ostindische Wurzeln haben.

Holländischer Käse und karibische Kokosnuß ...
Auch die Küche — oder sollte man besser sagen: die Küchen — entwickelte sich entsprechend diesem multikulturellen Zusammenwachsen, begünstigt vom vielfältigen und reichhaltigen Nahrungsmittelangebot dieser immergrünen Inselwelt sowie dem Reichtum des karibischen Meeres, und auf der Basis der etwas in den Hintergrund getretenen einheimischen Küchen.

Ananas, Bananen, Kokosnüsse und zahllose exotische Früchte bestimmen heute den Speiseplan ebenso wie die unterschiedlichsten Wurzel- und Gemüsesorten. Pfefferschoten geben vielen Gerichten die typische Schärfe, und Gewürze wie Zimt, Muskat, Piment und Nelken verleihen ihnen ihr exotische Aroma.

Karibik — Archipel der tausend Küchen

Man mag die Karibik sooft bereist haben wie man will, man wird sich jedoch nie als Karibik-Insider verstehen können. Bei jeder neuen Reise zeigen sich neue Aspekte, Eindrücke, Geschmäcker, und man lernt neue Inseln und Essensgewohnheiten kennen, die wiederum ganz anders sind als das, was man bereits erlebt hat.

Über 7000 Inseln — und keine wie die andere

Die karibische Inselwelt ist der zweitgrößte Archipel der Erde. Geographisch günstig zwischen Florida und Venezuela gelegen, scheinen die Inseln und Eilande nahezu alles zu bieten, was man sich von einem Paradies erträumt. Angenehmes Klima, viel Sonne und Sand(strand), teils noch unberührte Landschaften, fruchtbares Ackerland etc. Doch hat jede Insel ihr ganz eigenes Gesicht und — Wirbelstürme hin, Armut und soziale Spannungen her — die Klischees stimmen auch hier nicht immer mit der Realität überein. Eins allerdings stimmt mit Sicherheit: Wohl kaum sonst irgendwo auf der Welt wird man eine solch vielseitige Fülle exotischer Spezialitäten zur Auswahl haben wie in der Karibik.

Ein wenig Geographie

Die Karibischen Inseln werden in die Großen Antillen und in die Kleinen Antillen unterteilt. Zu den Großen Antillen gehören u.a. die Inseln Kuba, Jamaika, Dominikanische Republik/Haiti und Puerto Rico. Die Kleinen Antillen bestehen aus einem ganzen Schwarm von Klein- und Kleinstinseln — von den Britischen Jungferninseln bis hin zur Isla Margarita und Trinidad. Diese vielen kleinen Inseln unterteilt man wiederum in zwei Gruppen: Die in den Atlantik vorgelagerten Inseln von Vieques bis Grenada nennt man auch „die Inseln über dem Winde"; die besser geschützten Inseln, Venezuela vorgelagert, heißen entsprechend „die Inseln unter dem Winde". Wie aber schon gesagt, jede Insel hat ihren ganz individuellen Charakter — ihre eigene Geschichte und Kultur. Und dies gilt natürlich auch für die Kochkultur: So manches Gericht gibt es nur auf einer ganz bestimmten Insel. Einige wenige der Inseln sollen deshalb ein wenig näher vorgestellt werden — zumindest, was ihre Küche betrifft.

Kuba

Kuba, die größte Karibik-Insel, ist vornehmlich für Tabak- und Zuckerrohranbau bekannt: Die Havanna-Zigarre ist weltberühmt und angesehen, der meist helle Rum nicht minder. Des weiteren ist Kuba in kulinarischer Hinsicht ein Bohnenland, mit der schwarzen Bohne als Königin. Die Küche ist spanisch geprägt, typische Spezialitäten sind *Picadillo* (Rindfleisch mit Oliven und Rosinen, *Foo-foo* (Bällchen aus pürierten Gemüsebananen), *Malanga* (gurkenähnliches Gemüse) in allen Variationen und *Ropa Vieja,* eine Art Eintopf, mit Zimt abgeschmeckt.

Jamaika

The Island of Sun, die „Sonneninsel", wie Jamaika auch genannt wird, steht Kuba in der Rumproduktion nicht nach — von hier stammen z.B. der dunkle Myers-Rum, bernsteingelber Lemon-Hart-Rum oder goldfarbener Appleton-Estates. Typische Spezialitäten der im Ursprung spanischen Küche sind Gerichte wie *Escovitch* (marinierter Fisch), Stockfisch mit *Akee, Stamp and go* (Stockfischplätzchen), *Green Plantain Chips* (fritierte Bananenchips), *Baked Lobster, Jerk Food* (scharf gewürztes Fleisch), *Red Snapper* (beliebter Karibikfisch) oder Mais- und Kürbissuppe.

Barbados

Barbados lebt mehr vom Tourismus als von der Landwirtschaft und kann dementsprechend eine internationale Küche bieten. Alles ist möglich auf Barbados — von chinesischer bis zu spanischer Küche.

Einheimische Spezialitäten sind z.B. kreolischer Pfeffertopf, *Cou-cou* (Okraschoten mit Maismehlpudding), *Conkies* (Bananenblätter mit Hackfleisch gefüllt), Seeigel und fliegende Fische.

Grenada

Die Insel Grenada wird im Volksmund ganz bewußt Gourmet- oder Gewürzinsel genannt, denn die Landwirtschaft ist hier dominant und die Ernte ebenso reichhaltig wie vielfältig; vor allem wird Muskat angebaut. Zu den bekanntesten Gerichten der überwiegend kreolischen Küche gehören *Oil down* (Gericht aus Brotfrucht, Schweinefleisch und Kokosnußmilch), *Callaloo* (Nationalsuppe aus dem gleichnamigen Gemüse), *Fischstew* oder *Lambi* (Muscheln).

Dominica

Dominica ist eine üppig-grüne Insel, nur ca. 24 km breit und etwa 50 km lang. Eine große Fläche ist von Regenwald bedeckt, ansonsten gedeihen hier u.a. Guaven und Bananen. Die Küche ist westindisch-kreolisch orientiert, kombiniert mit den einheimischen Zutaten.
Eine Spezialität sind die *Tee-tee-ree* (kleine Fischküchel), aber auch *Crabbacks* (Landkrebsgehäuse mit gewürztem Krebsfleisch gefüllt) sowie *Mountain Chicken, „Berghuhn"* (Schenkel einer großen Froschart) zählen zu den typischen Besonderheiten der Küche.

Guadeloupe

Guadeloupe – wegen ihrer Form auch die „Schmetterlingsinsel" genannt, hat internationale Küche mit französischem Einschlag zu bieten: Es gibt nichts, was es nicht gibt.
Einheimische Spezialitäten sind vor allem *Migan* (geschmorte Brotfrucht mit gepökeltem Schweinefleisch), *Bébéle* (in diesem Gericht ist ungefähr alles enthalten, was die Küche von Guadeloupe zu bieten hat), des weiteren gebratene Tauben und diverse *Fish-Stews.*

Typische Zutaten und Gewürze — und einige Tips für „Karibik-Köche"

„Fast Food" ist auch in der Karibik längst kein Fremdwort mehr, doch bietet gerade die Vielfalt an einheimischen Produkten eine gute Chance dafür, daß sich der internationale Einheitsgeschmack auch auf den meistbesuchten Inseln nicht durchsetzen wird.
Man denke nur an die Vielzahl tropischer Früchte, die nur am Ernteort so sagenhaft süß und genußerregend schmecken können: Z.B. grüne Kokosnüsse, deren Milch wie ein Göttertrunk erscheint, Bananen, frisch vom Baum und nicht tiefgekühlt aus dem Container, eine dicke Ugli zum Dessert oder der Saft der Stachelone als Muntermacher. Und Gemüse gibt es in einer Vielfalt, von der man hierzulande nicht einmal zu träumen wagt. Geschmorte Brotfrüchte, frisches Guavengelee, Sternenäpfel, deren köstliches Aroma nur bis wenige Tage nach der Ernte erschmeckt werden kann, oder eine zuckersüße Ananas, ohne Reifeunterbrechung herangewachsen und deshalb von einem Geschmack, wie ihn importierte Früchte auch nicht annähernd erreichen können.

Acajou (Nüsse)

Der Acajou ist ein in der Karibik beheimateter Baum, dessen wertvolles Holz u.a. in der Möbelindustrie begehrt ist. Der kulinarische Beitrag hängt in Form von Nüssen an den birnenförmigen Früchten, die allerdings erst geröstet genießbar sind.

Akee (Frucht)

Die Akee ist eine rote, in der Form auberginenähnliche Frucht, unter deren Schale ein köstliches Fruchtmark verborgen ist. Wird gerne zusammen mit Stockfisch serviert.

Ananas

Die Tropenfrucht, die wohl als erstes mit der Karibik assoziiert wird, ist die Ananas. Sonnengereift und frisch vom Baum – so einen Geschmack kann keine importierte Ananas wiedergeben.

Ananassaft ist zu Cocktails eine fast schon obligatorische Beigabe – und teils sogar Grundlage.

> **So erhalten Sie frischen Ananas-Saft**
> Um frischen Ananassaft zu gewinnen, ist folgende Vorgehensweise erforderlich:
> Eine geschälte, grob zerkleinerte Ananas im Mixer ganz fein pürieren, die Masse dann durch ein Tuch drücken und den so entstandenen klaren Saft auffangen.

Annatto (Annatto-Öl)

Von etwa 10 m hohen tropischen Bäumen, den Annattobäumen, werden Fruchtschoten geerntet, die scharfe, rötliche Samenkörner enthalten. Dieser Samen wird vornehmlich als würzige Beigabe in diversen Gerichten verwendet, z.B. für Fleisch-, Gemüse- sowie Fischfüllungen.

Speiseöl oder Fett werden mit Annatto-Samen versetzt, um geschmacklich und farblich den Speiseplan „aufzupeppen".

Arrowroot (Pfeilwurz / Marantastärke)

Die Arrowroot, eine Wurzel, die im Aussehen mit der Meerrettichwurzel verglichen werden könnte, ist auch unter der Bezeichnung *Pfeilwurz* bekannt.

Aus dem stärkehaltigen weißen Fruchtfleisch wird u.a. Stärke hergestellt (Maranta-Stärke).

Bananen (Koch-, Gemüsebananen)

Zusammen mit der Ananas bilden Bananen einen wesentlichen Grundstock der karibischen Küche. Allerdings werden vornehmlich Gemüsebananen (auch Plantain, Mehlbananen, Kochbananen genannt) verwendet, die einen höheren Stärkegehalt als die bei uns üblichen (Frucht-) Bananen besitzen. Gemüsebananen werden als Sättigungsbeilage gekocht oder gebraten serviert. Das rohe Fruchtfleisch eignet sich nicht zum Verzehr, sondern wird erst „behandelt“ gegessen.

So schält man eine Gemüsebanane

Eine Gemüsebanane ist nicht so einfach zu schälen wie eine herkömmliche Banane. Am besten geht man folgendermaßen vor:
Von den Gemüsebananen die Enden abschneiden, die Bananen anschließend quer halbieren. Jede Bananenhälfte mit einem spitzen Messer längs ein paarmal einritzen und dann die Schalen lösen. Das Fruchtfleisch quer in dünne Scheibchen schneiden.

Bataten → *Süßkartoffeln*

Baybeeren (Malagueta-Pfeffer)

Die dunklen, kleinen Baybeeren wachsen auf dem gleichnamigen immergrünen Baum. Sie werden getrocknet als „Malagueta-Pfeffer“ für würzige Speisen verwendet.

Bohnen und Hülsenfrüchte

Hülsenfrüchte werden in der Karibik in allen Variationen gerne gegessen — ob schwarze Bohnen *(Frijol negro)*, rote Feuerbohnen *(Kidneybeans)*, Erbsen, Linsen etc. Als Oberbegriff in der Küche steht für alle Hülsenfrüchte die Bezeichnung *Peas.*

Brotfrucht

Von der Form her ähnelt die Brotfrucht einer Birne, jedoch ist sie um ein Vielfaches größer, kann über 5 kg wiegen und besitzt eine stachelige grüne Schale. Das Fruchtfleisch ist sehr stärkehaltig und wird als Gemüse verwendet. Es kann allerdings nur gebraten, geröstet oder gekocht gegessen werden.

Calabaza

Die Calabaza ist ein Kürbisgewächs, das vom Aussehen her als eine Art Melone durchgehen könnte. Das Fruchtfleisch wird gekocht verzehrt und findet vielfache Verwendung in der Küche.

Callalooblätter › *Taro*

Carambole

Eine längliche gelbliche Tropen-Frucht ist die Carambole, die — quer aufgeschnitten — eine Sternform mit fünf Zacken zeigt *(Sternfrucht)*. Für Cocktails und Nachspeisen unentbehrlich.

Chayote

Die Chayote, auch unter den Namen *Kayote, Chocho* oder *Christophene* bekannt, ist eine tropische Frucht, die zur Familie der Gurkengewächse gehört. Sie ähnelt in Form und Farbe (nur heller) einer Avocado, muß aber im Unterschied zu dieser vor dem Verzehr gekocht oder gedämpft werden.

Chili (Cayennepfeffer)

Der scharfe Chilipfeffer oder Cayennepfeffer wird aus den Schoten bestimmter scharfer Paprika-Arten hergestellt. Es gibt Hunderte von verschiedenen Paprika-Arten, die sich jeweils in bezug auf den Schärfegrad, die Größe bis hin zur Farbe unterscheiden.

Das Chili-Angebot umfaßt frische, getrocknete sowie mit anderen Zutaten aromatisierte Schoten oder eben das pulverisierte Würzmittel, den Chili- bzw. Cayennepfeffer. Ein „Muß" in der karibischen Küche.

Conch

Eine Conch ist eine große eßbare Schnecke, deren Fleisch aus dem spiralförmigen Haus herausgeklopft wird. Sie wird überall in der Karibik angeboten.

Gandules

Gandules, sogenannte Taubenerbsen, werden wie Bohnen oder Erbsen verwendet. Man zählt sie unter den Oberbegriff „Peas" *(→ Bohnen / Hülsenfrüchte).*

Guaven

Guaven sind ovalförmige tropische Früchte, deren Farbe und Aussehen sehr unterschiedlich sein kann. Das Fruchtfleisch ist mit kleinen eßbaren Kernen versetzt und schmeckt süß-säuerlich. Es findet in sehr vielen Süßspeisen, Pasten, Gelees und Chutneys Verwendung.

Jack-Frucht (Jack-Fruit)

Eine etwas übelriechende Frucht ist die Jack-Frucht, die bis zu 30 kg schwer werden kann. Das im reifen Zustand süße Fruchtfleisch der harten, stacheligen und grünen Jack-Frucht wird gerne in Currygerichten gekocht verwendet oder roh verzehrt; früher geerntet dient sie eher als Gemüse-Beilage.

Jamswurzel

Als eine Knollenfrucht aus den Tropen wird die Jamswurzel ähnlich wie die Kartoffel verwendet und zählt in vielen Regionen zu den Grundnahrungsmitteln. Das Fruchtfleisch schmeckt süßlich und ist sehr stärkehaltig.

Kassave → *Maniok*

Koriander

Koriander wird frisch verwendet, etwa wie bei uns die Petersilie, und schmeckt herrlich erfrischend.

Kreuzkümmelsamen

Aus einer doldenähnlichen Pflanze *(Cuminum cyminum)* wird der grünbräunliche bis gelbbraune Kreuzkümmelsamen geerntet und im Ganzen oder in pulverisierter Form angeboten. Unentbehrlich als Gewürz für eine Vielzahl der Curries.

Limette

Die Limette ist eine kleine gelb-grünliche Zitrusfrucht, auch *Lime* genannt.

Malagueta-Pfeffer → *Baybeeren*

Mammei

Mit ihrer dicken dunklen Schale ist die Mammei-Frucht in etwa mit der → *Mango* zu vergleichen. Das Fruchtfleisch ist süß und hellgelb bis orangefarben.

Mango

Die Größe einer Mango variiert von eigroß bis zu 1 bis 2 kg schweren und entsprechend umfangreichen Exemplaren. Sehr beliebt ist die süße Frucht vor allem zur Dessertherstellung.

Maniok (Kassave-Wurzel)

Die großen, bis zu einem halben Meter langen Maniokknollen (auch Kassave-Wurzeln) gehören auch in der Karibik zu den wichtigsten Grund-

nahrungsmitteln und werden ähnlich wie bei uns Kartoffeln eingesetzt. Da die rohen Knollen einen giftigen Milchsaft enthalten, können sie nur gekocht oder in anderer Form bearbeitet gegessen werden.
Aus Maniok werden auch Stärkeprodukte, z.B. **Tapioka-Mehl** *(Mandioka)* oder **Sago** (in Perlform) gewonnen, die z.B. zum Binden von Desserts (Grütze) oder Saucen sowie Suppen verwendet werden.
Der Saft der Kassave-Wurzel ist übrigens eine unverzichtbare Zutat für den „Pepper Pot"; das Rezept finden Sie im Kapitel „Suppen und Eintöpfe" *(→ Kassave-Saft/Cassareep).*

Muskatblüte und Muskatnuß

Muskatblüte nennt man den roten Samenmantel der Muskatnuß, der dann beim Trocknen eine gelbliche Farbe annimmt. Dieser wird im Ganzen, geraspelt oder fein gemahlen verwendet. Ein unvergleichbares Würzaroma für Desserts, Eis, Gelees oder pikante Speisen.
Wurde die Muskatblüte (also der Samenmantel) entfernt, kommt der Kern, die Muskatnuß, zum Vorschein. Dieser Kern ist dunkel, stark duftend und entfaltet am besten sein Aroma, wenn er frisch in das jeweilige Gericht gerieben werden.

Nelkenpfeffer → *Piment*

Palmherzen

Von bestimmten Palmenarten wird das Innere, das Herzstück, geerntet. Bei uns sind Palmherzen nur konserviert zu erhalten. Eine leckere exotische Beigabe zu Salaten und pikanten Gerichten, aber:
Wohl den wenigsten, die einen köstlichen Palmherzen-Salat zu genießen wissen, ist bekannt, daß mit diesem Genuß ein ziemlicher Raubbau verbunden ist.
Palmherzen sind das Mark von Dattelpalmen oder Weinpalmen. Doch erst nach 10 Jahren Wachstum, wenn der Baum eine Höhe von etwa drei

Metern erreicht hat, ist dieses Mark für den Verzehr geeignet. Und um den Palmherzenertrag eines Baumes zu ernten, der in der Regel für einen Salat für gerade vier Personen ausreicht, wird der gesamte Baum gefällt.

Papaya

Auf den englischsprachigen Inseln nennt man sie *Pawpaw*, aber auch unter Bezeichnungen wie *Lechosa, Mamayafrucht, Fruta bomba, Kressenfeige* oder *Melonenbaumfrucht* ist die Papaya in der Karibik bekannt. Frische Früchte werden für Süßspeisen oder Getränke verwendet, die unreifen Früchte werden gekocht und entsprechend weiterverarbeitet.

Piment (Nelkenpfeffer)

Piment oder auch Nelkenpfeffer (auch unter Namen wie *Allspice, Jamaica-Pfeffer)* ist ein in der karibischen Küche vielseitig verwendetes **Gewürz.** Die noch unreifen Beeren des Pimentbaumes werden in der Sonne stark getrocknet, bis sie sich braun verfärben. Die kleinen Körner werden gemahlen oder im Ganzen verwendet.
Weiterhin lassen sich die reifen Pimentbeeren zu **Öl** verarbeiten. Das gewonnene Pimentöl bildet unter anderem die Grundlage für den berühmten Likör *Pimento Dream* aus Jamaika.

Pomelo-Frucht → *Shaddock*

Shaddock (Pomelo-Frucht)

Hinter dem Namen „Shaddock" verbirgt sich die tropische *Pomelo*-Frucht, eine Kreuzung aus Grapefruit und Pampelmuse. Die Shaddock wird in der Karibik gerne ausgehöhlt und gefüllt.

Sternfrucht → *Carambole*

Süßkartoffeln (Bataten)

Süßkartoffeln sind ein Knollengemüse, das im Geschmack süßlich-herzhaft einzustufen ist. Sie ähneln in der Form unseren Kartoffeln, sind jedoch eher größer und von gelblich-rötlicher Farbe. Süßkartoffeln werden gerne fritiert, solo oder in Eintöpfen gekocht gegessen.

Tamarinde

Aus der Tamarinde, der Hülsenfrucht eines tropischen Baumes, wird das Fruchtmark der Schoten herausgeschabt und getrocknet oder frisch verwendet.

Tapioka → *Maniok*

Tangelo

Die Tangelo-Frucht ist eine Kreuzung zwischen Mandarine (Tangerine) und der gelben Grapefruit.

Taro-Wurzel und Taro-Blätter

Taro nennt man ein großes Staudengewächs mit knolligen **Wurzeln** — *Yautia* oder *Dasheen* sind weitere Bezeichnungen —, die ähnlich aussehen wie Kartoffeln (nur ist die Schale dicker und dunkler) und die im Geschmack von nussiger Beschaffenheit sind.

Die **Blätter** der Taro-Staude sind roh verzehrt giftig, sie können aber als Gemüse („Karibischer Kohl") zubereitet werden. Taro-Blätter sind spinatähnliche Blätter, die bis zu 1 m lang werden und z.B. für die westindische Suppe namens „Callaloo" (→ Rezepte) verwendet werden.

Ugli

Die Ugli ist eine große, dickschalige Zitrusfrucht, eine Kreuzung aus Pampelmuse, Orange und Mandarine.

Zuckerrohr

Aus *Saccharum,* dem Zuckerrohr, wird der wohl bekannteste Rum der Welt hergestellt. Aber auch sonst finden die Zuckerrohrstangen bzw. der daraus gewonnene Zucker, viele Verwendungsmöglichkeiten in der karibischen Küche.

So erhalten Sie Zuckersirup

Kochen Sie einen Teil braunen Rohrzucker mit derselben Menge Wasser ein, bis ein zäher Sirup entstanden ist (etwa 10 Minuten). Dann vollständig abkühlen lassen und für die entsprechenden Gerichte verwenden.

Was ist übrigens ...
Typisch karibische Gerichte und was darin steckt

Falls Sie mal in die Karibik kommen und die typische Inselküche erkunden wollen, möchte wir Ihnen hier einige Leckerbissen beschreiben, die Sie unbedingt probieren sollten.

Accra
Accras sind knusprig gebackene Beignets (eine Art Krapfen), hergestellt aus einem dickflüssigen Teig, der größtenteils aus gemahlenen schwarzen Erbsen und Sojabohnen besteht. Accras können auf jeder Insel anders schmecken, da die Zutaten stark variieren.

Bakes
Die Spezialität Trinidads sind gebratene Kekse, die kurz „Bakes" genannt werden.

Chicarrones
Nicht jedermanns Sache sind die sehr kroß gebratenen Schweineschwarten.

Chorizo
Chorizo ist eine geräucherte, scharfe und auch sehr fette Wurst. Sie wird in allen spanischsprachigen Ländern und auf den karibischen Inseln angeboten.

Conkies
Conkies sind eine Spezialität auf Barbados: eine Art Hackfleischteig, bestehend aus gemischtem Hackfleisch, Maismehl, Rosinen, Kokosnuß und scharfen Gewürzen, in Bananenblätter gewickelt und gedünstet.

Crapaud

Crapaud, ein großer Fisch, wird auf Dominica und Montserrat als Delikatesse gehandelt.

Djon Djon

Djon Djon sind kleine schwarze Pilze, die nur auf der Insel Haiti wachsen. Sie bilden die Grundlage für das gleichnamige einheimische Gericht, das zusätzlich aus Bohnen und Reis besteht.

Floats

Floats sind gebratene Hefefladen aus Trinidad.

Funchi

Der Maismehlbrei Funchi ist auf allen Inseln der Karibik beliebt.

Kachouris

Krapfenähnliche, gebackene Teigklöße, die weit verbreiteten Kachouris, werden vornehmlich aus Kichererbsenmehl und Fühlingszwiebeln zubereitet.

Langosta

In der Karibik ist eine spezielle Langustenart beheimatet. Den Tieren fehlen die großen Scheren, und ihr Schwanzfleisch ist besonders reichlich und gilt als köstlicher Leckerbissen.

Pastelitos

Pastelitos sind mit einer Fleischfarce gefüllte Teigtaschen, die knusprig fritiert werden.

Picadillo

Picadillo: das ist *die* Spezialität aus Kuba! Das Gericht besteht aus Rinderhackfleisch, scharfen Gewürzen, Oliven sowie Rosinen.

Polouris

Polouris, fritierte, höllisch scharfe Fleischbällchen, werden an fast jedem Straßenstand angeboten. Sie stammen ursprünglich aus Ostindien.

Sahinas

Die grünen Taro-Blätter *(→ Typische Zutaten und Gewürze)* werden mit Teig (aus Erbsenmehl) bestrichen, zusammengerollt, in Schnecken geschnitten und fritiert — das Ganze nennt sich dann Sahinas und schmeckt einfach köstlich!

Soupe à Congo

Soupe à Congo ist eine deftige Suppe aus Martinique, die aus allen möglichen einheimischen Gemüsen besteht. Das Original erkennt man an der Zugabe von einem „Schweineschwänzchen" und einer Süßkartoffel.

Surullitos

Die gebackenen Teigstangen, Surullitos genannt, werden aus Maismehl und Käse hergestellt und sind besonders in Puerto Rico heiß begehrt.

Mal zum Probieren ...
Kleine Happen und Vorspeisen

Fritierte Bananenscheiben aus Puerto Rico
Green Banana Chips

Speziell auf Puerto Rico rangiert die Gemüsebanane an erster Stelle als Beigabe zu Hauptgerichten oder in mannigfaltiger Vielfalt in Vorspeisenform. Ein typischer *Mofongo* (Vorspeise) ist z.B. ein Brotaufstrich aus gebratener, gehackter Schweineschwarte, pürierten grünen Bananen und einer ordentlichen Menge Knoblauch.
Die Bananenchips sind aber auch nicht zu verachten und außerdem sehr einfach zuzubereiten.

Zutaten
1 kg grüne Gemüsebananen
reichlich Öl zum Fritieren (am besten Kokosfett)

Zubereitung
Bananen schälen *(→ Typische Zutaten und Gewürze / Bananen)* und das Fruchtfleisch quer in dünne Scheiben schneiden. Möglichst einige Scheiben Bananen auf einmal in das siedend heiße Fett (ca. 200 Grad) legen und knusprig sowie goldgelb fritieren.
Da sich die Bananenscheiben stark mit Fett vollsaugen, ist es ratsam, die fertigen Chips auf Küchenkrepp zu entfetten. Mein persönlicher Genuß besteht darin, die Bananenchips mit frisch gepreßtem Limettensaft zu beträufeln. Dazu paßt ein cremiger Avocado-Dip *(→ Würzige und pikante Saucen)*.

Zubereitungszeit: etwa 1/2 Stunde

Knusprig gebratene Käsestangen aus Puerto Rico
Surullitos

Auf allen Inseln sind knusprige Teigstangen, hergestellt aus Maismehl, sehr beliebt. Trotzdem hat jede Insel ihr unverwechselbares Rezept, das mit der einen oder anderen Zutat ergänzt und variiert wird. Auf den spanischsprachigen Inseln bevorzugt man die Beigabe von Käse, wobei jeder selbst die Käsesorte wählen kann, die ihm besonders schmeckt.

Zutaten (für etwa 10 Käsestangen)
1/2 l Wasser
Salz
150 g Maismehl (Polenta)
60-80 g frisch geriebener Käse (Emmentaler, Edamer, Gouda etc.)
ca. 0,1 l Pflanzenöl

Zubereitung
Das Wasser mit dem Salz aufkochen. Unter ständigem Rühren das Maismehl einrieseln lassen und zu einem Brei verarbeiten. Den Topf vom Herd nehmen, unter Rühren leicht abkühlen lassen und den geriebenen Käse unterschlagen. Etwas ruhen und erkalten lassen.
Mit kaltem Wasser die Hände befeuchten und aus dem Teig fingerdicke Stangen von etwa 8 cm Länge herstellen. Auf einen Teller legen, mit Klarsichtfolie bedecken und etwa 1 Stunde im Kühlschrank ruhen lassen. In siedend heißem Fett von allen Seiten knusprig und goldbraun backen. Am besten auf Küchenkrepp entfetten.
Die Käsestangen schmecken herrlich zum Aperitiv oder auch Digestiv.

Zubereitungszeit: mit Abkühlungszeit etwa 1 Stunde

Gebackene Kekse aus Trinidad
Bakes

Trinidad, die südlichst gelegene Insel in der Karibik, bietet eine vielfältige Küche, die von chinesischer über moslemische bis bajanische Küche noch von zahllosen weiteren Einflüssen geprägt wird. Eine Spezialität, die man probieren sollte, sind die gebackenen Kekse, die, mit einem Brotaufstrich versehen, vor allem zum Essensauftakt sehr zu empfehlen sind.

Zutaten (für etwa 20 Kekse)
1 kleine Tasse Wasser (Espressotasse)
2 EL Zucker
500 g Mehl
Salz
2 Päckchen Backpulver
50 g Butterschmalzflöckchen
Mehl für die Arbeitsfläche
Kokosfett zum Backen

Zubereitung
In der Tasse Wasser den Zucker auflösen. Dann alle Zutaten gründlich miteinander vermischen und verkneten.
Aus dem Teigkloß löffelweise Portionen abstechen, die auf einer bemehlten Arbeitsfläche zu dünnen, kleinen Fladen (Keksform) ausgewellt werden.
Portionsweise in reichlich heißem Fett von jeder Seite ca. 4 Minuten braten. Auf Küchenkrepp entfetten und warm mit diversen Brotaufstrichen servieren.

Zubereitungszeit: ohne Ausbacken ca. 20 Minuten

Gefüllte überbackene Papaya aus Trinidad
Baked Pawpaw

Während der Karnevalszeit, vor allem Rosenmontag und Faschingsdienstag, ist Trinidad ein brodelnder Hexenkessel. Auch kulinarisch gesehen ist an diesen Tagen der Teufel los. Ob Sie aber das Glück haben, während dieser Zeit folgende begehrte Köstlichkeit zu probieren, ist die große Frage.
Falls Sie keine 2 kg schwere Papayafrucht aus dem hiesigen Fruchtangebot erhalten, so verwenden Sie wie in diesem Rezept vier einzelne kleinere Papayas.

Zutaten (für 8 Vorspeisenportionen)
4 Papayafrüchte
500 g gehäutete Tomaten
2 Zwiebeln
50 g Butter
50 g frisch geriebener Käse (am besten Gouda)
50 g geriebenes Weißbrot
Salz
gemahlene Muskatblüte
Piment
50 g Butterflocken oder ersatzweise Olivenöl

Zubereitung
Die Papayafrüchte waschen, trockenreiben, der Länge nach halbieren und jeweils die Kerne herauskratzen. Das Fruchtfleisch vorsichtig herauslösen, aber nur soviel, daß die Papayahälften noch stehen können. Das Papayafleisch fein würfeln. Die Tomaten entkernen und kleinschneiden. Die Zwiebeln schälen und hacken.
In heißer Butter die Zwiebel-, Tomaten- und Papayawürfel einige Minuten andünsten. Den Pfanneninhalt mit geriebenem Käse sowie mit dem

Weißbrot in einer Schüssel locker vermengen. Mit den Gewürzen pikant abschmecken.
Die Papayahälften mit der Masse locker füllen. Mit Olivenöl beträufeln oder mit Butterflöckchen belegen und die Früchte in eine feuerfeste Form setzen. Im vorgeheizten Ofen bei ca. 200 Grad etwa 20 Minuten (über)backen.

Zubereitungszeit: ohne Backzeit ca. 50 Minuten

Gebackene Küchlein aus Jamswurzeln aus Jamaika
Frituras de Name

Zur Palette jamaikanischer Vorspeisen gehören frisch geraspelte Kokosnüsse, zuckersüße Ananasecken, Papayaschnittchen, fritierte Gemüsebananen und kleine fritierte Pfannkuchen, deren Hauptzutat von der Jamswurzel bis hin zum pürierten Stockfisch reichen kann.

Zutaten
1 kg frische Jamswurzeln
Salz
schwarzer Pfeffer
3 Eidotter
2 EL gemischte, gehackte Kräuter
50 g zimmerwarme Butter
Pflanzenöl zum Backen

Zubereitung
Die Jamswurzeln gründlich schälen und durch eine Reibe fein raspeln. Mit den übrigen Zutaten zu einem weichen Brei verarbeiten. In einer Pfanne genügend Öl erhitzen, je einen Löffel Jamsbrei einlegen und diesen mit dem Löffelrücken platt zu einem Küchlein drücken.
Von jeder Seite in etwa 5 Minuten goldbraun und knusprig braten.

Zubereitungszeit: mit Ausbacken etwa 1 Stunde

Gemüsebananen mit Fleisch aus Puerto Rico
Piononos

Folgendes Gericht kann als Hauptgang serviert werden. Aufgesteckt auf Spießen, die eine leichte Handhabung ermöglichen, sind die Gemüsebananen aber auch des öfteren auf dem warmen Vorspeisenbuffet zu finden.

Zutaten

1 1/2 kg Gemüsebananen (möglichst große wählen)
Currypulver
80 g Butter
je 1 grüne und 1 rote Paprikaschote
2 Zwiebeln
100 g Oliven, mit Paprika gefüllt
400 g gehäutete Tomaten
2 frische rote Chilischoten (Peperoni)
400 g gemischtes Hackfleisch (kann auch nur Rindfleisch sein)
5 EL Annato-Öl
Salz
Pfeffer
2 EL gemischte, gehackte Kräuter
5 Eier
Kokosfett zum Fritieren
ca. 16 kleine Holzspießchen

Zubereitung

Die Bananen schälen *(→ Typische Zutaten und Gewürze / Bananen)*. Die Früchte längs in dünne Scheiben schneiden, darauf achten, daß ca. 16 Scheiben entstehen. Diese leicht mit Currypulver bestäuben und in heißer Butter von beiden Seiten einige Minuten braten. Bis zum weiteren Gebrauch (einzeln!) zum Entfetten auf Küchenkrepp legen.

Die beiden Paprikaschoten säubern, entkernen und in feine Würfel schneiden. Die Zwiebeln schälen und hacken. Die Oliven in Viertel schneiden. Die Tomaten sowie die Chilischoten entkernen und das Fruchtfleisch würfeln.
Das Annato-Öl erhitzen und die vorbereiteten Zutaten der Reihe nach andünsten. Darauf achten, daß das Hackfleisch krümelig gebraten wird. Den Fleischteig kräftig würzen und die Pfanne beiseite stellen. Die Bananenscheiben mit Hilfe von Holzspießchen zu Ringen zusammenstecken. Die Hohlräume mit dem Fleischteig füllen und fest andrücken. Einzeln durch die verquirlten Eier ziehen und in siedend heißem Öl schwimmend ausbacken. Auf Küchenkrepp entfetten und sofort servieren.

Zubereitungszeit: etwa 1 1/2 bis 2 Stunden

Foto:
Moccacreme aus Barbados / Pitch Lake Pudding
Rezept siehe S. 132

Gefüllte Bananenblätter aus Grenada
Stuffed Bananas

Der Einfallsreichtum in der karibischen Küche ist dank der reichhaltigen Früchte- und Gemüseernte enorm. In der Karibik sind z.B. gefüllte Bananenblätter eine typische Vorspeise — bei uns ein Partygag.

Zutaten

1 Zwiebel
bis zu 5 Knoblauchzehen
2 cm Ingwerwurzel
5 EL Annato-Öl
500 g Hähnchenhackfleisch
1 EL Rohrzucker
Chilisauce nach Geschmack
1 Schuß Bacardi-Rum
2 EL Kokosnußpaste (Mark)
Saft von 1 Limette
Bananenblätter
Kokosfett zum Fritieren

Zubereitung

Die Zwiebel und die Knoblauchzehen schälen und hacken. Die Ingwerwurzel schälen und fein reiben. Das Annato-Öl erhitzen und darin das Zwiebel-Knoblauch-Gemisch glasig schwitzen.
Geraffelten Ingwer und Hähnchenhackfleisch beimengen. Unter häufigerem Rühren das Hackfleisch krümelig braten. Mit den übrigen Zutaten „hot-sweet" (scharf-süßlich) würzen.
Die Masse auf kleingeschnittene Bananenblätter verteilen, diese aufwickeln und mit Holzspießen zustecken. In siedend heißem Öl knusprig fritieren. Die leicht abgekühlten Bananenpäckchen mit der Hand öffnen und so in der Hand halten, daß man sie bequem zum Mund führen und den Inhalt genießen kann.

Zubereitungszeit: etwa 1 Stunde

Gebratene Speckbananen aus Barbados
Fried Bacon-Bananas

Typisch für diese Bananen-Rezeptvariation ist der beliebte zweimalige Bratvorgang.

Zutaten
1 kg Gemüsebananen
Piment
ca. 80 g Butter
ca. 16 hauchdünn geschnittene Speckscheiben (Frühstücksspeck)
kleine Holzspießchen
Kokosfett zum Fritieren

Zubereitung
Die Gemüsebananen schälen *(→ Typische Zutaten und Gewürze / Bananen).* Die Bananen dann quer in ca. 2 cm dicke Stücke oder auch in dünnere Scheiben schneiden. Leicht mit Piment überstäuben und in heißer Butter von allen Seiten einige Minuten durchbraten. Herausnehmen, jedes Bananenstück in Speck wickeln und diesen mit einem Holzspieß feststecken. In heißem Öl knusprig braten — heiß oder kalt genießen.

Zubereitungszeit: etwa 1/2 Stunde

Kochbananengemüse
Bananas with Onions

Diese feine Zusammenstellung von Bananen, Zwiebeln und Mangochutney schmeckt als Beilage zu Grillfleisch, als Vorspeise auf Pfannkuchen oder als Überraschung in Teig verpackt hervorragend.

Zutaten

600 g Kochbananen
300 g Zwiebeln
50-80 g Butter
1 TL Currypulver
1 Schuß Sherry
0,1 l Hühnerbrühe
100 g Mangochutney
1 EL Sojasauce
50 g Crème fraîche
Salz, Pfeffer

Zubereitung

Die Kochbananen schälen, zuerst quer in daumenlange Stücke teilen, diese dann längs in Scheiben und die Scheiben schließlich in streichholzartige Stifte schneiden. Die Zwiebeln schälen und in hauchdünne Ringe schneiden.

In einer breiten Pfanne die Butter erhitzen und darin die Bananenstifte und die Zwiebelringe unter häufigem Wenden goldgelb braten. Mit Currypulver bestäuben und mit einem Schuß Sherry verfeinern. Die Hühnerbrühe angießen und das Ganze etwa 10 Minuten leise köcheln lassen. Das Mangochutney mit Sojasauce sowie mit Crème fraîche verrühren und unter das Gemüse mischen. Salzen, pfeffern — fertig.

Zubereitungszeit: etwa 40 Minuten

Fleischspießchen aus Barbados
Chine-Creole Saté

Die asiatische Küche übertüncht die westindische Küche mit allerlei Leckereien wie diesen Fleischspießchen. Sie schmecken sehr gut frisch am Tisch über Hibachi-Feuer (eine Art Mini-Grill) zubereitet oder schon vorbereitet lauwarm serviert.

Zutaten
300 g Hähnchenfleisch
300 g Rinderfilet
5 cl Pepperwine *(→ Saucen)*
1 EL Chilisauce
1 EL brauner Rohrzucker
8 EL Erdnußöl
50 g zerschmolzene Erdnußbutter
12 lange Holzspieße

Zubereitung
Die beiden Fleischsorten in hauchdünne Scheibchen schneiden. Aus Pepperwine, Chilisauce, Zucker und 3 Eßlöffeln Erdnußöl eine Marinade rühren und mit dem Fleisch vermengen. Zugedeckt etwa 1 Stunde im Kühlschrank ziehen lassen.
Die Fleischscheiben so auf Holzspieße stecken, daß sie zweimal durchbohrt werden und langgezogen aussehen. In dem restlichen Erdnußöl von allen Seiten braten und anschließend auf einer Platte anrichten. Mit Erdnußbutter servieren.

Zubereitungszeit: ohne Kühlzeit etwa 1/2 Stunde

Gefüllte Teigtaschen
Karibische Wan-Tan

Laut geschichtlichen Aufzeichnungen soll es auf den westindischen Inseln erst nach 1830 Currypulver gegeben haben, heute ist es aus der karibischen Küche nicht mehr wegzudenken. Auf den französischen Inseln spricht man von *Colombo*, und auf den englischen Inseln heißt das Curry-Gewürz *Kerry*.

Zutaten

300 g Mehl
2 EL Öl
4 EL Sahne
2 Eier
Salz
1 cm frische Ingwerwurzel
300 g ausgelöstes Hähnchenfleisch
Currypulver nach Geschmack
1 Eiweiß

Zubereitung

Aus Mehl, Öl, Sahne, Eiern sowie Salz einen geschmeidigen Teig herstellen und abgedeckt etwa 20 Minuten ruhen lassen.
In der Zwischenzeit die Ingwerwurzel schälen und fein reiben. Das Hähnchenfleisch hacken und mit dem Ingwer, Salz und Currypulver einreiben. Den Teig auf einer bemehlten Fläche hauchdünn ausrollen. Kleine Vierecke von ca. 3 x 4 cm Größe ausradeln, in der Mitte mit je einem Löffel Füllung belegen, die Teigränder darüberschlagen und fest zusammendrücken. Mit Eiweiß bepinseln und somit „zukleben".
In kochendes Salzwasser legen und etwa 10 bis 15 Minuten leise ziehen lassen. Dazu paßt eine warme Kokoscreme.

Zubereitungszeit: ca. 30 Minuten; mit Ruhezeit für den Teig und Kochzeit ca. 1 Stunde

Caesar's Salad

Je mehr Besucher in die Karibik kommen, um so mehr wird die gewachsene Kochtradition auch internationaler Küche Küche angepaßt — nicht immer eine Bereicherung, aber manchmal eben doch ...

Zutaten

3 Knoblauchzehen
1 Eidotter
1 TL Senf, mittelscharf
0,1 l Olivenöl
0,1 l Geflügelbrühe
Saft 1/2 Zitrone
Salz
weißer Pfeffer
1 Prise Zucker
Worcester Sauce
50 g geriebener Parmesankäse
4 Weißbrotscheiben, entrindet
1 Kopf Römersalat

Zubereitung

Die Knoblauchzehen schälen und durch eine Presse zum Eidotter drücken. Den Senf darunterrühren. Mit Hilfe eines elektrischen Mixers das Olivenöl langsam unterschlagen. Dann nach und nach die Geflügelbrühe unterrühren. Mit den Gewürzen pikant abschmecken und etwa 1/3 des Käses fein dazu reiben.

Die Weißbrotscheiben in kleine Würfel schneiden und in heißer Butter goldbraun rösten.

Den Römersalat gründlich waschen, trockenschwenken und in nudelartige Streifen schneiden. Zusammen mit dem Dressing in einer Salatschüssel locker vermischen.

Den restlichen Käse und die Brotwürfelchen darüberstreuen.

Zubereitungszeit: etwa 1/2 Stunde

Krabbenkroketten aus Haiti
Bombas de Camarones

Das bekannteste Gericht auf Haiti ist *Djon Djon,* ein Reis- und Bohnengericht, mit den gleichnamigen Pilzen als Hauptzugabe. Dieses Gericht ist „außerhalb" schwierig zuzubereiten, da die schwarzen Pilze nur auf Haiti wachsen. Statt dessen sei folgende Vorspeise empfohlen:

Zutaten
500 g frisch gedämpfte Kartoffeln
1 Prise Maismehl
1 Ei
100 g frisch geriebener Käse
2 Zwiebeln
2 Knoblauchzehen
300 g ausgelöstes Krabbenfleisch (Riesengarnelen, Hummerkrabben etc.)
50 g Butter
Salz
weißer Pfeffer
gemahlene Muskatblüte
2 Eidotter
100g geriebenes Weißbrot
Kokosfett zum Fritieren

Zubereitung
Die Kartoffeln durch eine Presse drücken und mit Maismehl, einem Ei und dem geriebenen Käse zu einer geschmeidigen Masse verarbeiten. Die Zwiebeln und die Knoblauchzehen schälen und fein würfeln. Das Krabbenfleisch hacken und zusammen mit dem Zwiebel-Knoblauch-Gemisch in heiß schäumender Butter einige Minuten dünsten.

Den Pfanneninhalt mit dem Kartoffelteig vermengen und mit den Gewürzen pikant abschmecken. Kleine Rollen formen und diese mit den verquirlten Eidottern bestreichen. Leicht in den Brotbröseln wenden und zugedeckt etwa 1 Stunde in den Kühlschrank stellen. Anschließend in siedend heißem Kokosfett von allen Seiten goldgelb backen.
Mit Küchenkrepp abtupfen und sofort servieren.

Zubereitungszeit: mit Kühlzeit (1 Stunde) etwa 2 Stunden

Garnelenspieße „American“

Da das amerikanische Festland so nahe liegt, werden viele der karibischen Inseln nicht nur von Scharen von Urlaubern „heimgesucht“, sondern es etablieren sich auch deren Eßgewohnheiten.

Zutaten
8 Riesengarnelen
Saft einer Limette
Tabasco
Worcester Sauce
Chilisauce
schwarzer Pfeffer, grob geschrotet
Frühstücksspeck (Bacon), 8 Scheiben
1 Papaya, überreif
1 EL Honig
Salz
Cayennepfeffer
Pflanzenöl

8 kleine Holzspießchen

Zubereitung
Die Riesengarnelen schälen, am Rücken längs einschneiden, die Därme entfernen und gründlich waschen; trockentupfen. In einer Marinade aus Limettensaft, Tabasco, Worcester Sauce, Chilisauce sowie Pfeffer etwa 1/2 Stunde lang marinieren.
Anschließend die Garnelen mit Speck umwickeln und mit kleinen Holzspießchen zusammenstecken.
Die Papaya schälen, die Kerne entfernen und das Fruchtfleisch grob zerschneiden. Im Küchenmixer mit Honig und den anderen Geschmackszutaten fein pürieren.

Die Speck-Garnelen in heißem Pflanzenöl von allen Seiten knusprig braten.
Das Papayamus in eine Sauciere füllen und mit den Garnelenspießen als Vorspeise reichen.

Zubereitungszeit: etwa 1 Stunde

Krebshappen
Baked Crabbreads

Ganz besonders wenn es um die Zubereitung von Fisch und Meeresfrüchten geht, ist der Erfindungsreichtum karibischer Köche enorm ...

Zutaten

8 Weißbrotscheiben (Toast-Brot)
200 g Fischfilets, ohne Gräten
100 g Frühstücksspeck
Saft einer halben Limette
3 cl Wermut (Noilly Prat)
Sojasauce nach Belieben
50 g Maisstärke
1 Eiweiß
Salz
Cayennepfeffer
2 Eidotter
evtl. etwas Safran (gemahlen)
Kokosfett zum Fritieren

Zubereitung

Die Weißbrotscheiben entrinden und diagonal in je zwei Dreiecke schneiden.
Die Fischfilets, das Krebsfleisch und den Speck grob zerschneiden und in den Küchenmixer geben. Mit Limettensaft, Wermut, Sojasauce, Salz sowie Pfeffer würzen und mittelfein pürieren. Herausnehmen und Maisstärke sowie Eiweiß unterrühren.
Acht Weißbrotdreiecke mit der Mischung belegen und jeweils mit einem zweiten Dreieck fest zusammendrücken. Die Eidotter verschlagen, die Schnittchen durch die Eigelb-Masse ziehen und sofort in heiß siedendes Fett geben. Knusprig und goldgelb fritieren.
Tip: Die Eidotter mit gemahlenem Safran vermischen.

Zubereitungszeit: etwa 45 Minuten

Haben Sie was auszulöffeln? Suppen und Eintöpfe

Pürierte Kichererbsensuppe aus Anguilla

Anguilla, die nördlichst gelegene Insel der Leeward Inseln, ist berühmt für ihre Küche mit Zutaten aus Poseidons Tiefen. Zu den Spezialitäten gehören nicht nur Hummer, Muscheln und gegrillter Fisch, sondern genauso folgende Suppe.

Zutaten
300 g getrocknete Kichererbsen
Salz
1/2 Bund Suppengrün
100 g geräucherte Wurst
3 EL Pflanzenöl
1/8 l Hühnersuppe
gemahlenes Kurkumapulver (Gelbwurz)
gemahlener Kreuzkümmel
Chilipulver bzw. Cayennepfeffer
schwarzer Pfeffer, frisch gemahlen
Zitronensaft

Zubereitung
Die Kichererbsen in eine Schüssel füllen und mit soviel Wasser aufgießen, daß alles bedeckt ist. Über Nacht oder mindestens sechs bis acht Stunden quellen lassen.
Die Kichererbsen abwaschen und mit ca. 1 l Wasser sowie einer Prise Salz zum Kochen bringen. In der Zwischenzeit das Suppengrün säubern

und kleinhacken. Die Räucherwurst in Streifen schneiden. Die weichen Kichererbsen mit einem Mixstab gründlich durchpürieren.
In einem separatem Topf das Öl erhitzen. Das Gemüse und die Wurst einstreuen und einige Minuten andünsten lassen. Mit Hühnersuppe ablöschen und mit der pürierten Kichererbsensuppe auffüllen. Nur noch kurz durchkochen und mit den Gewürzen pikant abschmecken.
Als Beilage sind ofenfrisches Weißbrot oder Maischips zu empfehlen.

Zubereitungszeit: ohne Einweichzeit ca. 1/2 Stunde
Garzeit der Kichererbsen: ca. 1 Stunde

Kohlsuppe
Sopa de Col

Bei diesem exotischen Rezept handelt es sich um die spanische Variante der Kohlsuppe, wie man sie auch in Mexiko kennt. So wünscht man sich denn auch, wenn diese Suppe auf den Inseln aufgetischt wird, schon einmal „Viva la Mexiko“ anstatt „Guten Appetit“.

Zutaten
500 g Weißkohl
2 Zwiebeln
2 Knoblauchzehen
4 Tomaten, geschält
5 EL Pflanzenöl
1/2 l Hühnerbrühe
Salz und Pfeffer
4 Weißbrotscheiben
1 EL Butter

Zubereitung
Den Weißkohl putzen und in dünne Streifen schneiden. Die Zwiebeln schälen, halbieren und ebenfalls in Streifen schneiden. Den Knoblauch schälen und durch eine Presse drücken. Die Tomaten klein würfeln. In einem größeren Topf das Öl erhitzen. Das vorbereitete Gemüse darin unter öfterem Umrühren etwa 5 Minuten anschwenken. Mit Hühnerbrühe aufgießen und bei milder Hitze 20-30 Minuten leise köcheln lassen.
Die Weißbrotscheiben entrinden, in gleichmäpig kleine Würfel schneiden und in heiß schäumender Butter goldbraun rösten. Die Brotwürfel als Einlage verwenden.

Zubereitungszeit: ca. 35 Minuten (ohne Kochzeit)

Nudelsuppe mit Edamer aus Curaçao
Sopa de Fideo

Auf den ABC-Inseln weht die holländische Flagge, und da ist selbstverständlich der Edamer Käse auch nicht weit.
Wundern Sie sich nicht, wenn bei folgendem Rezept die rohen Nudeln vor dem Kochen kurz angebraten werden — das ist sozusagen der „karibische Touch" dieser Inselküche.

Zutaten
5 EL Olivenöl
50 g Fadennudeln (Suppennudeln)
1 große Zwiebel
2 Knoblauchzehen
4 geschälte Tomaten
0,2 l Tomatensaft
1 l Fleischbrühe
Salz
Pfeffer
1 Prise Zucker
2 EL gehackte Kräuter (Petersilie, Kerbel etc.)
50 g Edamer Käse, in Würfel geschnitten

Zubereitung
Ein Teil des Olivenöls erhitzen und darin die Nudeln unter ständigem Rühren goldgelb anbraten. Herausnehmen und auf Küchenkrepp leben. Die Zwiebel und die Knoblauchzehen schälen und fein hacken. Die Tomaten entkernen und klein würfeln.
In einem größeren Topf das restliche Olivenöl erhitzen und das vorbereitete Gemüse anschwitzen. Mit Tomatensaft und Fleischbrühe aufgießen. Mit den Gewürzen pikant abschmecken und bei zurückgedrehter Hitze etwa 20 Minuten köcheln lassen.

Die Nudeln einlegen; sobald diese gar sind, die Suppe in hitzebeständige Suppentassen füllen. Den Käse darüberstreuen und im Backofen bei Grillstufe schmelzen lassen.
Dazu paßt viel frisches Weißbrot zum Tunken.
Als Einlage eignen sich zusätzlich gemischte Meeresfrüchte jeglicher Art.

Zubereitungszeit: 25-30 Minuten (ohne Kochzeit)

Foto:
Rote Linsensuppe aus Jamaika
Rezept siehe S. 49

Rote Linsensuppe aus Jamaika

Sie kennen vielleicht schon den jamaikanischen Mushroomtea oder Jerk Food — stark gewürztes, gegrilltes Fleisch von Huhn, Rind, Schwein oder Ziege — oder die leckere Mais- und Kürbissuppe, aber diese Linsensuppe müssen Sie auch einmal probieren!

Zutaten
5 große Zwiebeln
300 g weiche rote Linsen
ca. 5 EL Erdnußöl
1 EL brauner Rohrzucker
Salz
gemahlener Kümmel und Cayennepfeffer nach Geschmack
1 EL Paprikamark, ersatzweise Tomatenmark
1 rote Pfefferschote
1 3/4 l Gemüsebrühe
50 g Butter
200 g gekochter Reis
100 g Mandelblättchen
1 Hauch gemahlene Muskatblüte

Zubereitung
Die Zwiebeln schälen, halbieren und in Streifen schneiden. Die Linsen mit kaltem Wasser abspülen und über einem Sieb abtropfen lassen. Die Zwiebelstreifen in heißem Erdnußöl glasig andünsten. Die Pfefferschote säubern, entkernen und fein würfeln und unter ständigem Rühren zusammen mit den übrigen Gewürzen, dem Zucker und den Linsen zu den Zwiebeln geben.
Nach etwa 5 Minuten die Brühe angießen. Die Hitze reduzieren und das Ganze bei geschlossenem Topf gute 20 Minuten köcheln lassen. Die

Linsensuppe anschließend mit einem Mixstab oder in der Küchenmaschine sämig pürieren und nochmals abschmecken.
In einer Pfanne die Butter heißschäumend erhitzen. Den Reis und die Mandelblättchen unter Schwenkbewegungen andünsten. Leicht salzen, pfeffern und mit Muskatblüte verfeinern.
In vorgewärmte Suppenteller verteilen und mit heißer cremiger Suppe auffüllen. Zusätzlich mit frisch gehackten Kräutern garnieren.

Zubereitungszeit: 40-50 Minuten
Koch- und Garzeiten: ca. 25 Minuten

Suppeneintopf mit Allerlei aus St. Lucia
Hot Pot

St. Lucia, eine Mini-Insel, ca. 20 km breit und 45 km lang, zwischen Martinique und St. Vincent gelegen, hat kulinarische Leckerbissen zu bieten, die alleine es schon wert sind, seinen Koffer zu packen. Da wären z.B. die fliegenden Fische zu nennen oder *Piole dudon* — ein Gericht mit Hühnchen —, *Tablette*, mit viel Kokosnuß zum Dessert, und Kürbissuppe en masse ...
Von der folgenden westindischen Köstlichkeit schwärmen wir heute noch. Dem von uns nachempfundenen Rezept fehlen nur noch die Umgebung und der karibische Name.

Zutaten
400 g geräucherter Schinkenspeck
1 kg grüne Bohnen
2 Zwiebeln
2 Knoblauchzehen
400 g neue Kartoffeln
ein paar Zweige Bohnenkraut
4 EL Pflanzenöl
50 g Butter
1/8 l Rotwein
3/4 l Fleischbrühe
Salz
Cayennepfeffer nach Geschmack
Piment
1 Spritzer Essig
frisch geriebene Muskatnuß

Zubereitung
Den Schinkenspeck in gleichmäßig dünne Streifen schneiden. Die Bohnen verlesen, waschen und größere eventuell halbieren. Die Zwiebeln

sowie die Knoblauchzehen schälen und fein würfeln. Die Kartoffeln unter fließend kaltem Wasser kräftig bürsten, nicht schälen — nur einmal einschneiden. Das Bohnenkraut säubern und nur grob zerschneiden oder zupfen.
In einem größeren, breiten Topf das Öl erhitzen. Die Zwiebel- und Knoblauchwürfel sowie die Schinkenstreifen andünsten, danach die Kartoffeln mit der Butter beigeben. Nach etwa 5 bis 10 Minuten das Ganze mit Rotwein und Fleischbrühe aufgießen.
Die Kartoffeln in etwa 20 Minuten fast gar kochen, die Bohnen und das Kraut etwa nach der Hälfte der Kochzeit beimischen. Mit den Gewürzen kräftig und pikant abschmecken und mit frisch geriebener Muskatnuß bestäubt servieren.
Dazu passen Kassava-Kekse, Weißbrot und Wein.

Zubereitungszeit: ca. 30-35 Minuten, mit Kochzeit etwa 1 Stunde

Kreolischer Hühnereintopf aus Barbados
Chicken Jambalaya

Die kreolische Küche ist für ihre Lebensmittelkombinationen, besonders bei Eintöpfen, bekannt. Da ist es ganz normal, scharfe Paprikawürste mit Fisch, Gemüse, oft dreierlei Fleisch und diversen Sättigungsbeilagen zu vermengen. Allerdings mögen manche „nicht-kreolische" Mägen dafür nicht so geeignet bzw. gewöhnungsbedürftig sein.
Folgendes Rezept ist allerdings von den Zutaten her (für kreolische Verhältnisse) sehr harmonisch zusammengesetzt.

Zutaten
300 g braune getrocknete Linsen
3 rote Paprikaschoten
200 g geräucherter Speck
1 Bund Frühlingszwiebeln
2 Knoblauchzehen
2 Karotten
400 g Hähnchenbrustfilets
1 Bund gemischte Kräuter
50 g Butter
150 g Langkornreis
1/4 l trockener Weißwein
3/4 l Hühner- oder Gemüsebrühe
Salz
Pfeffer

Zubereitung
Die Linsen mindestens 8 Stunden in kaltem Wasser einweichen.
Die Paprikaschoten halbieren, entkernen und mit den Schnittflächen nach unten auf ein Backblech legen. Die Paprikaoberflächen mit einer Gabel mehrmals einstechen und das Blech in den vorgeheizten Ofen

(ca. 180 Grad) schieben. Sobald die Häute verschrumpelt und dunkel aussehen, die Schoten herausnehmen und häuten. Das Fruchtfleisch in zentimetergroße Würfel schneiden. Den Speck fein würfeln, die Frühlingszwiebeln hacken, die Knoblauchzehen schälen und durch eine Presse drücken. Die Karotten schälen und passend zu den Paprikaschoten schneiden. Die Hähnchenbrustfilets in schmale Streifen schneiden, die Kräuter waschen und hacken.

In heiß schäumender Butter Frühlingszwiebeln, Speck, Knoblauch, Paprika- und Karottenwürfel andünsten. Unter fortwährendem Rühren die Linsen und den Reis beimengen. Mit Weißwein sowie mit Brühe aufgießen.

Nach dem ersten Aufkochen die Hitze reduzieren und bei geschlossenem Topf etwa 20 Minuten leise köcheln lassen (öfter umrühren). Zuletzt die Hähnchenbruststreifen sowie die Kräuter untermischen, das Ganze pikant abschmecken und noch (knapp) 10 Minuten köcheln lassen.

Mit viel Weißbrot und Weißwein genießen.

Zubereitungszeit: ca. 45 Minuten, mit Kochzeit ca. 1 1/4 Stunden

Karibische Nationalsuppe
Callaloo

Taro-Blätter, die karibischen Kohlblätter, genannt Callaloo, müssen bei diesem Rezept (leider) durch Spinatblätter ersetzt werden.
Als Einlage wird frisches Krebsfleisch verwendet, ersatzweise kann man auch gepreßtes eingelegtes Krebsfleisch nehmen.

Zutaten
300 g frischer Spinat
2 Schalotten
2 Knoblauchzehen
80 g Butter
etwas Sherry
1 l Geflügelbrühe
0,1 l Kokosnußmilch (Dose)
Salz
schwarzer Pfeffer
Peppersauce nach Geschmack (auch Tabasco) oder Pepperwine *(→ Saucen)*
frisch geriebene Muskatnuß
300 g Krebsfleisch
1 EL Kokosraspeln

Zubereitung
Den frischen Spinat verlesen, eventuell von dicken Blattrippen befreien, waschen und trockenschütteln. Anschließend in Streifen schneiden. Die Schalotten und die Knoblauchzehen schälen und fein würfeln.
In einem Topf 50 g Butter heiß schäumend erhitzen. Zwiebel- und Knoblauchwürfel glasig anschwitzen, den Spinat und die restliche Butter beigeben. Die Spinatstreifen vorsichtig mit der Butter überziehen.

Mit Geflügelbrühe und Kokosnußmilch aufgießen und etwa 10 Minuten köcheln lassen. Salzen, pfeffern, mit der Peppersauce vorsichtig würzen und mit Muskatnuß aromatisieren.
Das Krabbenfleisch zerpflücken und während der letzten fünf Kochminuten in der Suppe ziehen lassen. Nach Belieben Kokosraspel über die Suppe geben.

Zubereitungszeit: einschließlich Kochzeit etwa 40 Minuten

Scharf gewürzter Eintopf aus Trinidad
Pepper Pot

Ein Pfeffer-Eintopf ohne den Saft der Kassave-Wurzel (Cassareep oder auch Maniok; → *Typische Zutaten und Gewürze / Maniok)* ist auf Trinidad kein richtiger Pepper Pot. Im Anschluß an das folgende Eintopfrezept wird die Herstellung von Kassave-Saft beschrieben.

Zutaten

1 Suppenhuhn von ca. 1 1/2 kg
Salz
1 1/2 kg mageres Rindfleisch
2 große Zwiebeln
2 frische (scharfe!) Chilischoten
Pfefferkörner
1 Zimtstange
2 EL Rohrzucker
Gewürznelken
einige Zweige Thymian
1 EL Obstessig
0,1 l Kassave-Saft (→ folgendes Rezept)

Zubereitung

Das Suppenhuhn gründlich waschen und in 6 bis 8 Teile portionieren. In einen großen Topf legen, mit Wasser bedecken und kräftig salzen. Das Wasser zum Kochen bringen, dann leise köcheln lassen und während der einstündigen Kochzeit die Oberfläche öfter abschäumen. Das Rindfleisch in gulaschgroße Würfel schneiden, die Zwiebeln schälen und in Ringe schneiden. Die Chilischoten säubern, entkernen und fein würfeln.

Nach etwa 1 Stunde Kochzeit die Fleischwürfel, Zwiebelringe, Chiliwürfel, Pfefferkörner, Zimtstange, Zucker, Nelken, Thymianzweige, etwas Essig sowie den Kassave-Saft zum Huhn geben.
Das Ganze bei geschlossenem Topf etwa 1 bis 1 1/2 Stunden weiter köcheln lassen. Wenn das Fleisch gar ist, den fertigen Pepper Pot eventuell nochmals nachschmecken und im Topf servieren.

Zubereitungszeit: ca. 30 Minuten
Kochzeit: ca. 2 1/2 Stunden

Kassave-Saft
Cassareep

Es gibt zwei Arten der Kassave-Wurzel: eine bittere und eine süße. Der Saft beider Arten enthält Blausäure, die allerdings bei der süßen eßbaren (verschwindend geringer Gehalt) durch Kochen und Auspressen entzogen werden kann. Bei der bitteren Kassave-Wurzel hingegen ist der Blausäuregehalt so hoch, daß er beim Genuß der rohen Wurzel tödlich sein kann.

Zutaten für 0,2 l Saft
2 kg Kassave-Wurzeln (Maniok)

Zubereitung
Die braunen Wurzeln schälen. Das weiße Fruchtfleisch mit einer Reibe in ein kochfestes Tuch raspeln. Das Tuch zusammenbinden und durch Drücken und Pressen den Saft in ein Gefäß gießen. Den Saft in einem breiten, flachen Topf solange unter ständigem Rühren erhitzen, bis eine eine dickliche Flüssigkeit, eine Art Sirup, entstanden ist.
Den Saft in ein verschließbares Gefäß füllen und für den Pepper Pot verwenden.

Zubereitungszeit: etwa 1 Stunde

Taubenerbsensuppe aus Haiti
Sopa de Gandules

Haiti vereint eine typisch westindische Küche mit westafrikanischen Einflüssen.

Beim Originalrezept der Taubenerbsensuppe wird der gepökelte Schweinebauch nur zur Fett- und Geschmacksbeigabe verwendet und dann herausgenommen, also nicht mitverzehrt. Wir haben ihn im Topf gelassen — und waren froh ...

Zutaten

200 g gepökelter Schweinebauch
200 g gekochter Schinken
2 grüne Paprikaschoten
2 Knoblauchzehen
4 gehäutete Tomaten
400 g Calabaza (Kürbis) ohne Schale
1 Dose eingelegte Taubenerbsen (ca. 400 g)
1 1/2 l Hühnerbrühe (ersatzweise Gemüsebrühe)
Salz
bunter Pfeffer

Zubereitung

Den Schweinebauch sowie den Schinken in zentimetergroße Würfel schneiden. Die Paprikaschoten säubern, entkernen und passend dazu schneiden. Die Zwiebeln und die Knoblauchzehen schälen und hacken. Die Tomaten und den Kürbis entkernen und kleinwürfeln.

Schweinebauch- und Schinkenwürfel in einem größeren Topf andünsten. Zwiebel- und Knoblauchwürfel einige Minuten mitdünsten, dann die restlichen Gemüse (die Taubenerbsen mit Saft) untermischen.

Mit Hühnerbrühe aufgießen, salzen und pfeffern. Die Suppe bei geschlossenem Topf und zurückgedrehter Hitze etwa 20 bis 30 Minuten köcheln lassen. Mit viel Brot servieren.

Zubereitungszeit: ca. 25 Minuten, mit Kochzeit etwa 1 Stunde

Kiwisuppe mit Nüssen aus Barbados
Green Fruitsoup with nuts

Diese erfrischende kalte Suppe ist nicht nur eine ideale sommerliche Vorspeise, sondern auch allein für sich stets ein willkommener Imbiß. Wer mag, kann die Suppe vor dem Verzehr durch ein Sieb streichen, um die Kerne zu entfernen.

Zutaten
500 g Kiwis
Saft von 2 Limetten
50 g Puderzucker
1 EL Honig
1/4 l eisgekühlter Sekt
100 g gemischte, gehackte Nüsse (Mandeln, Haselnüsse, Pecan etc.)
1 EL Butter
200 süße Sahne
1 Sternfrucht

Zubereitung
Die Kiwis schälen, in grobe Stücke schneiden und in den Küchenmixer geben. Zusammen mit Limettensaft, Puderzucker und Honig fein pürieren. Mit Sekt nochmals aufmixen, in Schalen füllen und kühl stellen. Die Nüsse in heißer Butter leicht bräunen und vom Herd nehmen. Inzwischen die Sahne schlagen und die Nüsse unterheben.
Die Nußsahne auf der Fruchtsuppe dekorativ verteilen und mit Sternenfruchtscheiben garnieren.

Zubereitungszeit: ca. 20-30 Minuten

Kreolische Fischsuppe
Seefood Gambo

Eine Fischsuppe kann in der Karibik jeden Tag anders schmecken. „The catch of the day" – der Fang des Tages diktiert den Speisezettel. Wir haben uns für dieses Rezept mit Lachs und gemischten Meeresfrüchten entschieden: ein recht edler Catch of the day ...

Zutaten
200 g Lachsfilet
200 g Frutti die Mare (gemischte Meeresfrüchte; Tintenfisch, Garnelen etc.)
Saft einer Limette
Tabasco, 1 Spritzer
2 Knoblauchzehen
1 Schalotte
80 g Butter
30 g Mehl
1 1/2 l Fischfond
50 g Kokosraspeln
200 g Fingermais (kleine Maiskölbchen, ersatzweise Maiskörner)
Salz
schwarzer Pfeffer
Cayennepfeffer
2 EL frisch gehackte Korianderblättchen

Zubereitung
Den Lachs in schmale Streifen schneiden und zusammen mit den Meeresfrüchten waschen; anschließend trockentupfen. Mit Limettensaft und etwas Tabasco marinieren.
Die Knoblauchzehen sowie die Schalotte schälen und hacken.

In einem Topf 50 g Butter heiß schäumend erhitzen und das Zwiebel-Knoblauch-Gemisch einstreuen. Das Ganze nach 1-2 Minuten mit Mehl bestäuben und unter ständigem Rühren den Fischfond eingießen. Nach dem ersten Aufkochen die Hitze reduzieren und etwa 15 Minuten durchkochen lassen. Dann die gemischten Fischstücke und die Maiskölbchen einlegen. Mit den Gewürzen pikant abschmecken. In der restlichen Butter die Kokosraspeln leicht bräunen und erst zuletzt mit den Korianderblättchen unter die Suppe heben.
Dazu paßt viel frisches Brot zum Tunken.

Zubereitungszeit: etwa 45 Minuten

Gut gedippt ist ...
Würzige und pikante Saucen

Kalte Tomatensauce aus Martinique

Die Tomatensauce aus Martinique ist sehr scharf und wird vorwiegend zu gegrilltem Fisch oder zu anderem Meeresgetier serviert.

Zutaten
1 kg Tomaten
2 frische rote Chilischoten (Peperoni)
100 g Oliven, mit süß-mildem Paprika gefüllt
Saft von 3 Limetten
Salz
1 Prise brauner Rohrzucker
1 Spritzer Obstessig
schwarzer Pfeffer

Zubereitung
Die Tomaten blanchieren, häuten und entkernen. Das Fruchtfleisch grob zerschneiden und im Mixer mittelfein pürieren. Die Chilischoten säubern, entkernen und klein würfeln. Die Oliven in Streifen schneiden. Sämtliche Zutaten vermengen und pikant würzen.

Zubereitungszeit: etwa 30-40 Minuten

Foto:
Schnitzelchen aus St. Martin / Lomito Criollo
Rezept siehe S. 79

Gewürzte Tomatensauce
Tomatoesauce with Almonds

Bei diesem Rezept spielen scharfe Paprikaschoten bzw. Pfefferschoten in Kombination mit gemahlenen Mandeln die Hauptrolle. Die Pfefferschoten schmecken am besten frisch, aber ersatzweise kann man auch eingelegte Früchte verwenden.

Zutaten
4 Pfefferschoten
2 Knoblauchzehen
1 Bund Petersilie
50 g gemahlene Mandeln
6 EL Erdnußöl
2 EL Tomatenmark
5 gehäutete Tomaten
Salz
bunter Pfeffer
1 EL brauner Rohrzucker
1 Schuß Essig

Zubereitung
Die Pfefferschoten säubern, entkernen und hacken. Die Knoblauchzehen schälen und durch eine Presse drücken. Die Petersilie von den Stengeln zupfen und fein schneiden.
Alle Zutaten im Küchenmixer zu einer cremigen Sauce vermischen. Schmeckt sehr gut zu gegrillten Fleisch- oder Gemüsespießchen. Oder zu Fischgerichten.

Zubereitungszeit: 20-30 Minuten

Tamarillo-Sauce aus Grenada

In der karibischen Küche sind Fruchtsäfte und -saucen sehr populär: Meist werden die reifen, frisch gepflückten Früchte püriert oder zerstampft und entsprechend aromatisiert.
Die „nouvelle cuisine" bei uns empfiehlt folgendes Rezept:

Zutaten
4 Tamarillos
Saft 1 Limette
Saft von 1 1/2 Orangen
100 g Zucker
1 Gewürznelke
1 Prise gemahlener Zimt

Zubereitung
Die reifen Tamarillos sorgfälitg schälen und das Fruchtfleisch grob gewürfelt in den Küchenmixer geben. Limetten- und Orangensaft hinzuträufeln und alles pürieren.
Das Püree durch ein Sieb in einen Topf streichen. Mit Zucker, Nelke sowie mit Zimt verrühren und bei schwacher Hitze knapp 5 Minuten köcheln lassen.
Eignet sich hervorragend als fruchtige Sauce für diverse Desserts oder schmeckt sehr lecker zu Eiskugeln.

Westindisches Mango-Relish

Dieses Mango-Relish ist eine karibisch-scharf gewürzte Variation der beliebten Frucht-Sauce. Rezepte gibt es auch hierzulande zahlenmäßig vielleicht noch mehr als Mangosorten.

Zutaten
1 kg frisches, reifes Mangofruchtfleisch je nach Belieben
5-10 Knoblauchzehen
Salz
4-6 EL Olivenöl
2 frische rote Chilischoten (Peperoni)
1 Prise brauner Rohrzucker
Cayennepfeffer

Zubereitung
Das Mangofruchtfleisch grob zerkleinern und in die Küchenmaschine geben. Die Knoblauchzehen schälen und durch eine Presse dazudrücken. Salzen, Olivenöl zugießen und alles mittelfein pürieren. Die Chilischoten säubern, entkernen und fein würfeln. Das Relish mit den Zutaten gut verrühren und feurig abschmecken.

Zubereitungszeit: etwa 20-30 Minuten

Pfefferwein aus Westindien
Pepperwine

Scharf im Geschmack und mit Alkohol versetzt, dient der Pepperwine als Würzmittel für das ein oder andere Gericht. Keinesfalls darf man hierbei aber den Begriff „Wein" wörtlich nehmen und das Pfefferzeug pur trinken.

Zutaten
5 frische rote Chilischoten (Peperoni)
1/4 l weißer Rum
1/4 l trockener Sherry

Zubereitung
Die Chilischoten gründlich waschen und trockentupfen. In ein gut verschließbares Gefäß legen und mit dem Alkohol übergießen. Das Gefäß fest verschließen und den „Wein" erst nach etwa 1 Woche in der Küche verwenden.

Zubereitungszeit: etwa 10 Minuten

Ti-Malice-Sauce aus Haiti

Die Verbindung von Zitrusgeschmack und der Schärfe der Chilischoten sowie dem Aroma der Knoblauchzehen ist eine so erfrischende Kombination, daß dieses Rezept nur aus der Karibik kommen kann.

Zutaten
3 große Zwiebeln
Saft von 4 Limetten oder Limonen
3 frische rote Chilischoten (Peperoni)
5-8 Knoblauchzehen
50 g Butter
Salz

Zubereitung
Die Zwiebeln schälen und fein würfeln. In eine Schüssel legen und mit Zitrussaft beträufelt für ca. 1/2 Stunde marinieren. In der Zwischenzeit die Chilischoten säubern, entkernen und kleinhacken. Die Knoblauchzehen schälen und ebenfalls hacken. Die Zwiebeln über einem Sieb gründlich abtropfen lassen und dabei den Saft auffangen.
In einer Pfanne die Butter heiß schäumend erhitzen und darin die Zwiebeln mindestens 10 Minuten lang glasig dünsten — die Zwiebeln sollen sich nicht dunkel färben (einfach die Hitze niedrig halten). Die Chili- und Knoblauchwürfel einstreuen und noch 5 Minuten garen lassen. Den aufgefangenen Saft eingießen, salzen.
Die Sauce zu gegrilltem Fleisch oder Fisch zimmerwarm servieren.

Zubereitungszeit: ca. 35 Minuten, mit Garzeiten etwa 1 1/4 Stunden

Bananen-Sauce
Westindian Bananasauce

Mit Bananen kann man es ja machen — und wie! Eine prima Sauce zum Dippen, die schnell zubereitet ist.

Zutaten
3 Bananen
Saft von 1 Limette
kräftig Currypulver
200 g saure Sahne
1 Prise gemahlene Muskatblüte
50 g Kokosflocken
1 EL Mangochutney *(→ Saucen)*
1 TL brauner Rohrzucker
200 g geschlagene süße Sahne

Zubereitung
Die Bananen schälen und mit einer Gabel fein zerkneten. In einer Schüssel mit den obengenannten Zutaten gut vermischen. Zuletzt die geschlagene Sahne unterheben.

Zubereitungszeit: etwa 30 Minuten

Kochbananen-Sauce

Eine würzige Bananensaucen-Variation mit Gemüse- oder Kochbananen.

Zutaten
400 g Gemüsebananen (etwa 1 Stück)
Saft einer Limette
1 Chilischote (Peperoni)
2 Knoblauchzehen
2 EL Butter
1 EL Paprikamark
Salz
Cayennepfeffer
0,1 l Hühnerbrühe
200 g Sahne

Zubereitung
Von den Gemüsebananen die Enden abschneiden, die Haut längs einritzen und abziehen (→ auch *Typische Zutaten und Gewürze / Bananen*). Quer in zentimeterdicke Scheiben schneiden und mit Limettensaft marinieren.
Inzwischen die Chilischote säubern, entkernen und hacken. Den Knoblauch schälen und durch eine Presse zu den Bananen drücken. In heißer Butter die Knoblauchbananen andünsten, das Paprikamark dazugeben und leicht rösten, salzen und pfeffern.
Mit Hühnerbrühe und Sahne aufgießen, die Hitze reduzieren und das Ganze noch etwa 10 Minuten leise köcheln lassen.

Zubereitungszeit: etwa 30 Minuten

Avokadocreme mit Mandeln
Avocado-Dip

Die mexikanische Avokadocreme „Guacamole“ ist wohl das bekannteste Rezept für eine Avokado-Sauce. Doch auch in karibischen Gefilden wird prürierte Avokado – mal mexikanisch oder auch mit anderen Ingredenzien abgewandelt – gerne serviert.

Zutaten
50 g Mandelblättchen
1 EL Butter
3 weiche Avokado
Saft 1 Limette
50 g saure Sahne (ersatzweise Mayonnaise)
Salz
Pfeffer
Worcester Sauce
Tabasco

Zubereitung
Die Mandelblättchen in heiß schäumende Butter streuen und einige Minuten bräunen; abkühlen lassen.
Die Avokados schälen und das Fruchtfleisch unter Zusatz von Limettensaft sowie saurer Sahne in den Küchenmixer geben. Fein pürieren und mit den Gewürzen abschmecken. Sofort servieren!
Mit Tacos oder anderen Chips dippen.

Zubereitungszeit: etwa 20 Minuten

Fleischgerichte
... in der Karibik liebt man's scharf

Würziges Fleisch aus Kuba
Ropa Vieja

Ropa Vieja wird an jeder Ecke Kubas, in Havanna, in Santa Clara, in Holguin, in Santiago de Cuba oder in Camagüey gerne gegessen — es ist eines der Nationalgerichte auf Kuba.

Zutaten
500 g mageres Rindfleisch
1/2 EL Salz
3 große Zwiebeln
1 Gewürznelke
1 Lorbeerblatt
frisch gemahlener Pfeffer
3 Knoblauchzehen
2 grüne Paprikaschoten
1 frische Chilischote (Peperoni)
1 große Karotte
600 g gehäutete Tomaten
1 Pfefferschote (aus dem Glas)
4 EL Annatto-Öl (ersatzweise Pflanzenöl)
1 kräftige Prise Zimt
1 Prise gemahlene Gewürznelken
1 EL zerdrückte Kapern

Zubereitung
Das Fleisch unter fließend kaltem Wasser waschen und in einen Topf legen. Soviel Wasser aufgießen, daß das Fleisch gut bedeckt ist. Salz

und Pfeffer einstreuen. Eine Zwiebel schälen und diese mit der Gewürznelke sowie mit dem Lorbeerblatt spicken und hinzufügen. Das Rindfleisch bei starker Hitze in einer guten Stunde weich kochen. Herausnehmen und abkühlen lassen.
Die Fleischbrühe durch ein Sieb gießen. Die beiden anderen Zwiebeln schälen und fein hacken. Die Knoblauchzehen schälen und durch eine Presse dazudrücken. Die Paprikaschoten sowie die Chilischote (Peperoni) entkernen und fein hacken. Die Karotte schälen und fein würfeln. Die Tomaten entkernen und in kleine Würfel schneiden. Die Pfefferschote ebenfalls hacken.
In einem größeren Topf das Öl erhitzen. Das Gemüse der Reihe nach einstreuen und etwa 10 Minuten kräftig andünsten lassen. Das abgekühlte Fleisch in fingerbreite Streifen schneiden und unter den Gemüsebrei mischen. Mit ca. 0,3 l Kochflüssigkeit aufgießen. Mit den Gewürzen pikant abschmecken und zuletzt die Pfefferschote unterheben.
Dazu passen Topinambur (kartoffelähnliches Gemüse), fritierte Kochbananen oder Chilibohnenreis.

Zubereitungszeit: ca. 40 Minuten, mit Kochzeit etwa 1 3/4 Stunde

„Doppel-Alarm"
The Two Alarms

Dieses karibische Bohnengericht erhielt seinen Namen wegen der Schärfe – getreu dem Motto: Eine Chili muß zweimal brennen (beim Essen und danach)!

Zutaten
500 g getrocknete schwarze Bohnen
1 Karotte
100 g Sellerieknolle
1/2 Stange Lauch
Salz
500 g Schweinefleisch (ohne Knochen)
50 g Frühstücksspeck (Bacon)
je 1 gelbe, rote und grüne Paprikaschote
1 frische Chilischote (Peperoni)
5 Knoblauchzehen
5 EL Annato-Öl
1 TL gemahlenes Chilipulver
schwarzer Pfeffer
Cayennepfeffer
je 1/2 TL getrocknetes Bohnenkraut
Oregano
Kreuzkümmel
Petersilie
gemahlener Ingwer
brauner Zucker

Zubereitung
Die Bohnen mit soviel kaltem Wasser übergießen, bis sie gut bedeckt sind. Etwa 6-8 Stunden einweichen. Karotte und Sellerie schälen. Den

Lauch zwischen den Blattschichten gründlich waschen. Das geputzte Gemüse in gleichmäßig kleine Würfel schneiden.
Das Einweichwasser der schwarzen Bohnen abschütten, die Bohnen mehrmals durchwaschen und gut mit Wasser wieder aufgießen. Das vorbereitete Gemüse mit einer Prise Salz untermengen und die Bohnen bei milder Hitze etwa 40 Minuten lang köcheln lassen.
In der Zwischenzeit das Schweinefleisch und den Frühstücksspeck in 1/2 cm kleine Würfel schneiden. Die Paprikaschoten waschen, säubern, längs aufschlitzen, entkernen und hacken. Den Knoblauch schälen und durch eine Presse zum Chili drücken.
In einem größeren Topf das Annato-Öl erhitzen. Fleisch, Speck, Paprika, Chili- und Knoblauchgemisch unter ständigem Rühren nacheinander einstreuen. Etwa 10 Minuten andünsten lassen, dabei mit Chilipulver bestäuben und mit etwas Bohnensud ablöschen.
Zuletzt mit Bohnen und Bohnenwasser aufgießen, „hot" (sehr scharf) abschmecken und noch etwa 30 Minuten schmoren lassen.
Mit Bier und einer üppigen Brotauswahl, vorzugsweise Tacos, servieren.

Zubereitungszeit: ohne Einweichzeit 2-1/2 Stunden

Hühnereintopf mit Bananen

Dieser Eintopf ist besonders nahrhaft und darüber hinaus sehr schmackhaft. Es gibt in auf allen Inseln — allerdings mit immer wiederkehrenden Zutatenvariationen.

Zutaten

Für die Brühe:
1 Suppenhuhn, küchenfertig
Salz

Für den Eintopf:
2 Karotten
100 g Sellerieknolle
1 Bund gemischte Kräuter
1 Zwiebel
2 Lorbeerblätter
2 Gewürznelken
einige Pfefferkörner
1 Gemüsebanane
1 Stange Lauch
Sherry nach Bedarf

Zubereitung
Das Suppenhuhn innen und außen waschen, in einen größeren Topf legen und mit kaltem Wasser auffüllen, bis alles bedeckt ist. Mit einer Prise Salz zum Kochen bringen und etwa 1/2 Stunde leise köcheln lassen; zwischendurch den Schaum öfter abheben.
Das Gemüse putzen, grob zerschneiden und mit den Gewürzen in die Suppe geben. Alle noch etwa eine Stunde köcheln lassen, bis sich das Hühnerfleisch von den Knochen lösen läßt.

Das Huhn herausnehmen, die Suppe durch ein Sieb gießen und erneut zum Kochen aufstellen. Die Gemüsebanane an den Enden abschneiden, die Schalen mit einem Messer aufschlitzen und entfernen (→ auch *Typische Zutaten und Gewürze / Bananen*). Das Fruchtfleisch in zentimeterdicke Scheiben schneiden und in die Suppe geben. Das Hühnerfleisch entbeinen und in gleichmäßig große Würfel schneiden. Den Lauch längs halbieren, waschen, in kleine Rauten schneiden und zusammen mit dem Fleisch in die Brühe geben. Nochmals nachwürzen und mit Sherry abschmecken.

Zubereitungszeit: mit Kochzeit etwa 2 Stunden

Schnitzelchen aus St. Martin
Lomito Criollo

St. Martin, eine etwa 100 qkm große Insel zwischen St. Kitts und Anguilla, ist holländisch geprägt, auch in der Küche. Es gibt aber auch französische, britische, westindische und kreolische Restaurants auf dieser Insel.

Zutaten
500 g Schweinelendchen, in acht dünne Scheiben geschnitten
4 Knoblauchzehen
1 EL Kümmel
2 EL Weißweinessig
5 EL Olivenöl
Piment
3 Paprikaschoten, je 1 grüne, 1 rote und 1 gelbe
3 Zwiebeln
5 EL Pflanzenöl
Salz
Pfeffer
edelsüßes und rosenscharfes Paprikapulver

Zubereitung
Die Schweinelendchen wegen eventueller Knochensplitter waschen, anschließend trockentupfen und in eine Form legen. Die Knoblauchzehen schälen und durch eine Presse zu den Schweineschnitzelchen geben. Kümmel mit Weißweinessig, Olivenöl sowie mit Piment verrühren und ebenfalls darübergeben. Zugedeckt mindestens einen Tag marinieren lassen.
Die Paprikaschoten waschen, entkernen und in dünne Streifen schneiden. Die Zwiebeln schälen und in Ringe schneiden. Das vorbereitete

Gemüse in heißem Pflanzenöl etwa 15 Minuten dünsten und dabei mit den Gewürzen pikant abschmecken.
Von den Schnitzelchen die Marinade abstreifen und das Fleisch kurz und scharf von beiden Seiten braten. Mit der Gemüsemischung belegen und sofort servieren.
Dazu passen Süßkartoffeln, Maisbrei oder Reis.

Zubereitungszeit: etwa 40 Minuten

Foto:
Westindisches Hackfleischgericht / Chili con Carne picante
Rezept siehe S. 81

Westindisches Hackfleischgericht
Chili con Carne picante

Auf allen Inseln der Karibik ißt man gerne Hackfleisch mit Tomatensauce – allerdings mit Chilischoten scharf gewürzt. Ein Chili con Carne, übersetzt „Chilies mit Fleisch", ist also nicht nur typisch für Mexiko. Doch der Clou an der karibischen Variante sind die Rosinen und der Fruchtsaft!

Zutaten
2 große Zwiebeln
2 Knoblauchzehen
2 frische rote Chilischoten (Peperoni)
5 EL Pflanzenöl
500 g gemischtes Hackfleisch
2 EL Tomatenmark
1/8 l Rotwein
1/2 l Brühe
300 g gekochte Bohnen Ihrer Wahl (Kidneybohnen, schwarze Bohnen etc.)
Saft von 1/2 Orange und Limette
Salz
bunter Pfeffer
Cayennepfeffer
1 Schuß Pepperwine (Rezept → *Saucen*)
rosenscharfes Paprikapulver
2 EL getrocknete Kräuter (Estragon, Thymian, Majoran)
50 g Rosinen

Zubereitung
Die Zwiebeln und die Knoblauchzehen schälen und hacken. Die Chilischoten säubern, entkernen und fein würfeln. Das Pflanzenöl erhitzen und darin die vorbereiteten Zutaten inklusive dem Hackfleisch unter stän-

digem Rühren anbraten. Mit Tomatenmark durchrösten und mit Rotwein sowie mit der Brühe angießen. Die Bohnen und die übrigen Zutaten (außer den Rosinen) beimengen. Das Ganze etwa 15 Minuten köcheln lassen, zuletzt die Rosinen unterheben.
Mit viel Reis oder knusprigem Weißbrot genießen.

Zubereitungszeit: etwa 30 Minuten

Gefüllte Kokosnüsse aus Jamaika
Chicken portello

Die Zubereitung dieses Gerichtes erfordert ein wenig „Heimwerker-Geschick", da zuerst die vier Kokosnüsse so angebohrt werden müssen, daß die Milch herauslaufen kann, und anschließend sind die harten Nüsse quer durchzusägen.

Zutaten
4 Kokosnüsse
1/2 kg Tomaten
2 Zwiebeln
2 Knoblauchzehen
5 EL Pflanzenöl
500 g gekochte Hühnerfleischwürfel
200 g gekochter Reis
1 Dose Maiskörner (ca. 200 g)
0,2 l Hühnerbrühe
Salz
Piment
Cayennepfeffer
gemahlene Muskatblüte

Zubereitung
Die Kokosnüsse anbohren und von der herausfließenden Milch etwa 0,1 l beiseite stellen, der Rest wird für das Rezept nicht mehr benötigt. Anschließend die Kokosnüsse halbieren und das feste nussige Fleisch herauslösen. Etwa 1/3 des Fruchtfleischs fein reiben – den Rest kann man für ein anderes Gericht verwenden oder als Snack servieren. Jeweils zwei Hälften der leeren Kokosnußschalen mit Hilfe von Alufolie, die jeweils zu Ringen geformt wird, auf Tellern anrichten.

Die Tomaten blanchieren, häuten, entkernen und das Fruchtfleisch fein würfeln. Die Zwiebeln und die Knoblauchzehen schälen und hacken. In heißem Pflanzenöl das Zwiebel-Knoblauch-Gemisch glasig schwitzen, die Tomaten- und Hühnerfleischwürfel beigeben. Unter öfterem Rühren den Reis und die Maiskörner einstreuen und mit Kokosmilch sowie mit der Brühe angießen. Das Ganze etwa 10 Minuten leise köcheln lassen und dabei pikant abschmecken.
Zuletzt einen Teil der geriebenen Kokosnuß unterheben und das Ganze in die Kokosnußschalen füllen. Mit den restlichen Kokosraspeln garnieren.
Dazu passen fritierte Bananenchips *(→ Vorspeisen)*, Pina Colada *(→ Getränke)* zur Einstimmung und verschiedene Gemüse.

Variante: konserviertes Kokosnußmark und fertige Kokosraspeln verwenden. Es gibt auch feuerfeste Keramikgefäße, die wie Kokosnüsse (ohne Deckel) aussehen.

Zubereitungszeit: eine gute Stunde und mehr (kommt darauf an, wie lange Sie mit den Kokosnüssen beschäftigt sind).

Deftiger Eintopf aus Trinidad
Sancocho

In diesem Eintopf, der in der Sklavenzeit seinen Ursprung hat, findet ungefähr alles Verwendung, was nahrhaft ist. Der Eintopf ist gut abwandelbar und schmeckt auch ohne die eine oder andere (vielleicht zur Zeit nicht erhältliche) Zutat sehr gut. Auf der Bohneninsel Kuba werden zusätzlich Bohnen in allen erdenklichen Farben und Formen beigemischt!

Zutaten (für 6-8 Personen)
500 g gepökeltes und gekochtes Schweine- und Rindfleisch
500 g mageres Rindfleisch
4 Gemüsebananen
2 große Zwiebeln
2 rote Chilischoten (Peperoni)
500 g Kartoffeln
500 g Süßkartoffeln
200 g Taro-Wurzeln
200 g Jams-Wurzeln
200 g Kassave-Wurzeln (Maniok)
5-8 EL Annato-Öl
2 l Brühe
2 Lorbeerblätter
Salz
Pfeffer
gemahlene Muskatnuß
gemahlene Gewürznelken
1 Prise gemahlener Zimt

Zubereitung
Das gepökelte Fleisch und das Rindfleisch separat in kleine Würfel schneiden.

Die ungeschälten Gemüsebananen in einen Topf legen und mit Wasser bedeckt zum Kochen aufstellen; etwa 1/2 Stunde sprudelnd kochen lassen. Kurz abkühlen lassen, schälen und quer in dicke Stücke schneiden. Die Zwiebeln schälen und hacken. Die Chilischoten säubern, entkernen und fein würfeln. Die Kartoffeln sowie die Süßkartoffeln schälen, in ca. 2 cm dicke Scheiben schneiden und bis zum Gebrauch in kaltes Wasser legen. Die Wurzeln gründlich schälen und passend zu den Kartoffeln schneiden.
In einem größeren Topf das Pflanzenöl erhitzen. Die gepökelten Fleischwürfel von allen Seiten einige Minuten durchbraten und herausnehmen. In dem Bratenansatz die Zwiebelwürfel schön braun dünsten und die Rindfleischwürfel beigeben. Mit Brühe angießen, Lorbeerblätter zugeben, kräftig würzen und zugedeckt etwa 1 Stunde köcheln lassen. Danach sämtliche vorbereitete Zutaten untermengen und alles 20 Minuten garen, bis das Gemüse fertig ist.
Während der letzten 10 Kochminuten die Bananenstücke und das gepökelte Fleisch beigeben.
Im Topf servieren, dazu schmecken Maisbrei, Maisklöße oder Brot sehr gut.

Zubereitungszeit: mit Kochzeit etwa 2 1/2 bis 3 Stunden; reine Arbeitszeit ca. 45 Minuten

Schweinerippchen mit gebackenen Kartoffeln aus Carricou

Spareribs

Würzig scharf-süße Rippchen mit Kartoffeln — was will man mehr?

Zutaten

2 kg Schweinerippchen

Für die Marinade:

5 EL Curryketchup

Chilisauce nach Geschmack

etwas Pepperwine *(→ Saucen)*

0,1 l Tomatenketchup

1 EL Ahornsirup

1 EL Honig

1 EL brauner Rohrzucker

2 EL Rotweinessig

Salz

grob geschroteter Pfeffer

2 EL gehackte gemischte Kräuter;

4-8 große Kartoffeln

4-8 Lorbeerblätter

bis zu 0,1 l Pflanzenöl

Meersalz

Kräuterpfeffer

5 EL Erdnußöl

Zubereitung

Die Schweinerippchen entlang der Knochen in einzelne Rippchen schneiden. Die Zutaten für die Marinade verrühren und die Rippchen darin einlegen. Mindestens 2 Stunden zugedeckt ruhen lassen.

Die Kartoffeln unter fließend kaltem Wasser gründlich bürsten und trockenreiben. Jede Kartoffel einmal einschneiden und in die Schnittspalte je 1 Lorbeerblatt stecken. Die Kartoffeln auf ein Backblech legen. Das Pflanzenöl mit Meersalz sowie Kräuterpfeffer verrühren und die Kartoffeln damit einpinseln. Das Blech in den auf ca. 180 Grad vorgeheizten Ofen schieben. Die Backzeit beträgt je nach Größe der Kartoffeln ca. 3/4 Stunde bis 1 1/2 Stunden.
In einem großen flachen Bräter das Erdnußöl erhitzen. Die Marinade leicht von den Rippchen abstreifen und das Fleisch im heißen Öl von allen Seiten scharf anbraten. Anschließend den Bräter in den Backofen zu den Kartoffeln schieben. Während der etwa einstündigen Garzeit öfter mit der restlichen Marinade bepinseln.

Zubereitungszeit: ohne Marinierzeit etwa 2 Stunden; reine Arbeitszeit ca. 35 Minuten

Gebackenes Hähnchen aus Kentucky
Fried Chicken

Bei diesem Hähnchengericht handelt es sich um ein kreolisches Rezept, das sowohl in der Karibik als auch in New Orleans, in Kentucky oder auch auf Mauritius zu finden ist.

Zutaten

1 kg Kartoffeln
2 kg Hähnchenfleisch mit Knochen, in Portionsteile geschnitten
3 Knoblauchzehen
Meersalz
Cayennepfeffer
Zitronenpfeffer
gemahlenes Chilipulver bzw. Cayennepfeffer
1 Bund Thymian, frisch gehackt
3 Eier
etwas Sahne
200 g Mehl
ca. 0,2 l Pflanzenöl

Zubereitung

Die Kartoffeln schälen, in Viertel schneiden und in etwa 20 Minuten gar kochen. Die Hähnchenteile gründlich waschen und mit Küchenkrepp trockentupfen. Die Knoblauchzehen schälen, durch eine Presse drücken und die Hähnchenteile damit einreiben. Anschließend mit den übrigen Gewürzen einreiben.
Die Eier mit etwas Sahne verschlagen und die Hähnchenteile durch die Ei-Sahne-Masse ziehen. Danach in Mehl wenden und festklopfen.
Die panierten Hähnchenteile in genügend heißem Öl von allen Seiten in knapp 20 Minuten ausbacken. Die gekochten Kartoffeln mit derselben Gewürzmischung einreiben und ebenfalls in heißem Öl knusprig und goldbraun backen.
Tip: Eine Friteuse erleichtert die Zubereitung.

Zubereitungszeit: ca. 40 Minuten

Kreolischer Hähnchensalat
Cobb Salad

Diesen herzhaften Salat können Sie in den Südstaaten von Amerika genauso kredenzt bekommen wie in der Karibik. Die kreolische Küche zeigt ihren Einfluß auch in den USA ...

Zutaten
400 g ausgelöstes Hähnchenbrustfilet
100 g Frühstücksspeck
1 Schuß Pflanzenöl
Salz bunter Pfeffer aus der Mühle
1 Kopfsalat
3 hartgekochte Eier
4 gehäutete Tomaten
1 Bund frische gemischte Kräuter

Für die Salatsauce:
1 Eidotter
1 TL Senf
0,1 l Pflanzenöl
5 EL Sherryessig
3 EL lauwarmes Wasser
Salz
etwas brauner Zucker
1 Hauch Cayennepfeffer

Zubereitung
Das Hähnchenfleisch in gleichmäßig dünne Streifen schneiden. Den Frühstückspeck passend dazu schneiden. In einer heißen Pfanne die Speckstreifen ausbraten und zum Entfetten auf Küchenkrepp legen. In

den Bratensatz etwas Öl geben, die Hähnchenfleischstreifen salzen, pfeffern und darin rundherum anbraten, dann herausnehmen.
Den Salat putzen und in nudelartige Streifen schneiden. Die Eier schälen und einmal längs und einmal quer im Eierschneider durchdrücken. Die Tomaten entkernen und das Fruchtfleisch in Streifen schneiden. Die Kräuter von den Stengeln zupfen, waschen und hacken.
Die vorbereiteten Zutaten in einer großen Schüssel locker miteinander vermengen. Mit einem elektrischen Handrührgerät das Eigelb sowie den Senf cremig rühren. Nach und nach das Öl langsam beimischen. Mit Essig, Wasser und den Gewürzen pikant abschmecken und erst kurz vor dem Servieren über den Salat geben.

Dazu passen frische Brotsorten.

Zubereitungszeit: ca. 30 Minuten

Hähnchenschenkel aus Anguilla

Die Insel Anguilla, von Kolumbus entdeckt, wurde von ihm „Aal-Insel" getauft – wegen der langgezogenen Form: Ca. 26 km lang, ist die Insel nur 4-6 km breit. Neben den kulinarischen Köstlichkeiten lockt Anguilla vor allem mit schönen weißen Sandstränden.

Zutaten
8 Hähnchenschenkel
Salz
roter Pfeffer, frisch gemahlen
2 Zwiebeln
2 Knoblauchzehen
1 rote Chilischote (Peperoni)
1 rote Paprikaschote
6 EL Erdnußöl
50 g Erdnußkerne
50 g Rumrosinen
150 g Reis
0,4 l Hühnerbrühe
Saft und geriebene Schale von 1 Limette
Koriander, zerstoßen

Zubereitung
Die Hähnchenschenkel salzen und pfeffern. Die Zwiebeln und die Knoblauchzehen schälen und fein hacken. Die Chili- sowie die Paprikaschote säubern, entkernen und klein würfeln.
In einem größeren breiten Topf die Hälfte des Erdnußöls erhitzen. Die Hähnchenschenkel darin rundherum knusprig anbraten. Herausnehmen und warmstellen.
Das restliche Öl in den Bratensatz gießen. Das vorbereitete Gemüse einstreuen und glasig andünsten. Nach etwa 5 bis 8 Minuten die Erdnuß-

kerne, die Rumrosinen sowie den Reis hinzufügen und unter ständigem Rühren vermischen. Das Ganze mit Hühnerbrühe aufgießen.
Die Hähnchenschenkel einlegen und dabei würzen. Den Topf mit einem Deckel versehen und das Gericht bei milder Hitze in etwa 25 Minuten garkochen.
Dazu passen diverse Würzsaucen und fritierte Brote.

Zubereitungszeit: ca. 30 Minuten
Garzeit: ca. 25 Minuten

Fritierte Bananenblätter mit Füllung aus Grenada

„Gourmet"- oder „Gewürzinsel" ist das Synonym für Grenada. Die üppige Fruchtbarkeit der Insel zeigt sich im Anbau von über 30 Fruchtsorten und zahlreichen Gewürzen, insbesondere der Muskatnuß. Der Bananenanbau kommt dabei auch nicht zu kurz!

Zutaten
2 große Zwiebeln
4 Knoblauchzehen
1 Stück Ingwerwurzel (Größe nach Belieben)
3 EL Chilisauce
1 EL Rohrzucker
einige Pfefferkörner
Salz
0,2 l Kokosmilch
500 g Putenfleisch
Bananenblätter
500 g Kokosfett zum Ausbacken
Saft von 2 Limetten
Hölzchen zum Zustecken

Zubereitung
Die Zwiebeln, die Knoblauchzehen sowie das Stück Ingwerwurzel schälen und grob zerschneiden. Zusammen mit der Chilisauce und dem Rohrzucker in den Küchenmixer geben und fein pürieren. Salzen und langsam die Kokosmilch einfließen lassen.
Das Putenfleisch in schmale Streifen schneiden und mit dem Kokospüree vermengen. Abdecken und für etwa 2 Stunden in den Kühlschrank stellen.
Die Bananenblätter mit einem scharfen Messer so schneiden, daß ein Eßlöffel Füllung genügend Platz hat und das Blattstück bequem zugerollt bzw. zugesteckt werden kann.

Die Bananenwickel in siedend heißes Kokosfett legen und knusprig ausbacken. Auf Küchenkrepp kurz entfetten und mit Limettensaft beträufeln. Sofort genießen!
Zum Beispiel als köstlichen Snack zu Pina Colada *(→ Getränke)* anbieten.

Zubereitungszeit: ohne Marinierzeit ca. 45 Minuten

Gebackenes Käse-Hackfleisch aus Curaçao
Keshy coe Carni

Ein typisches Gericht der ABC-Inseln, holländisch gefärbt mit Edamer Käse. Für folgendes Rezept brauchen Sie eine Auflaufform, die in einem Bräter Platz hat, aber noch über eine entsprechende Höhe verfügt.

Zutaten
200 g frische Champignons
1 Zwiebel
2 grüne Paprikaschoten
1 Chilischote (Peperoni)
2 gehäutete Tomaten
1 EL Butter
400 g Käse (Edamer), dünn geschnitten
400 g Hackfleisch
Pflanzenöl
Salz
Pfeffer, frisch gemahlen
1 Ei, hartgekocht
1 Essiggurke
1 EL Rosinen
1 EL Mehl

Zubereitung
Die Pilze putzen und fein hacken. Die Zwiebel schälen und ebenfalls hacken. Die Paprika- und die Chilischoten säubern. Zusammen mit den Tomaten entkernen und klein würfeln.
Eine größere Auflaufform mit Butter ausstreichen und mit einem Teil des Schnittkäses auslegen.
Das Hackfleisch in heißem Pflanzenöl unter ständigem Rühren krümelig braten. Salzen, pfeffern und aus der Pfanne nehmen. Den Bratensatz

Foto:
Kreolischer Hähnchensalat / Cobb Salad
Rezept siehe S. 90

mit etwas Pflanzenöl aufgießen und darin Champignons, Zwiebeln, Paprika, Chili sowie die Tomaten anbraten. Solange braten, bis ein dickliches Mus entstanden ist. Den Pfanneninhalt in eine Schüssel zum Hackfleisch geben. Das Ei und die Essiggurke hacken. Zusammen mit den Rosinen und dem Mehl unter den Gemüsebrei einarbeiten.
Diese pikante Mischung in die feuerfeste Form füllen. Den restlichen Käse obenauf legen und darauf achten, daß die Käsescheiben überlappen bzw. am Rand abschließen. Etwas Pflanzenöl darüberträufeln und die Form mit einem Deckel oder Alufolie verschließen. In einen Bräter kochend heißes Wasser gießen und die Auflaufform vorsichtig hineinsetzen.
In den auf 180 Grad vorgeheizten Backofen schieben und in etwa 1/2 Stunde fertig garen.
Das gegarte Käsegericht an den Rändern mit einem spitzen Messer lösen und auf eine Vorlegeplatte oder auf ein Brett stürzen.
Dazu schmecken frische Gemüse und Salate, kombiniert mit knackigreschem Brot oder Süßkartoffeln, sehr gut.

Zubereitungszeit: ca. 45 Minuten
Garzeit: ca. 30 Minuten

Was Poseidon nur hergibt ...
Fischgerichte und Meeresfrüchte

Fischfilets mit Kürbis
Caribian Fish with Carabaza

Zutaten

4 Fischfilets Ihrer Wahl (z.B. Scholle, Kabeljau, Schellfisch)
Saft einer Limette
Salz
2 rote Paprikaschoten
300 g süß-sauer eingelegter Kürbis
2 große Zwiebeln
4 gehäutete Tomaten
5 EL Annato-Öl
weißer Pfeffer
Cayennepfeffer
1 TL brauner Zucker
1/8 l Weißwein
1 EL Butter

Zubereitung

Die Fischfilets säubern, mit Limettensaft säuern und leicht salzen. Zugedeckt etwa 1/2 Stunde marinieren lassen.
Die Paprikaschoten waschen, der Länge nach halbieren, entkernen und mit den Schnittflächen auf ein Backblech legen. In den vorgeheizten Ofen (etwa 200 Grad) schieben und herausnehmen, sobald die Häute sich leicht verfärben und verschrumpelt aussehen.
Das Fruchtfleisch in kleine Würfel schneiden. Den Kürbis über einem Sieb abtropfen lassen und dabei den Sud auffangen. Die Zwiebeln schälen und hacken. Die Tomaten passend zum Paprika schneiden.

In heißem Öl das vorbereitete Gemüse einige Minuten andünsten; zuletzt den Kürbis beigeben. Kräftig würzen und mit Kürbissud sowie Weißwein aufgießen.
Eine feuerfeste Form mit Butter auspinseln und das Gemüse abwechselnd mit den Fischfilets einschichten. In den vorgeheizten Ofen schieben und in einer knappen 1/2 Stunde garen.

Zubereitungszeit: reine Arbeitszeit etwa 30 Minuten

Langosta-Criolla mit Sofrito aus Kuba

Auf Kuba werden fangfrische Langusten nicht nur gegrillt, sondern auch gerne geschmort und mit den Innereien (wie Leber und Kaviar) verfeinert serviert. Anstelle von Langusten eignet sich ebenso Hummer. Dazu paßt „kubamäßig“ eine pikante Tomatensauce namens „Sofrito“.

Zutaten

Für die Tomatensauce:
100 g gepökelter Bauchspeck
2 Zwiebeln
2 Knoblauchzehen
3 grüne Paprikaschoten
100 g gekochter Schinken
2 EL Annato-Öl
500 g gehäutete Tomatenwürfel
etwas Weißwein
1 Bund Petersilie
Salz
Pfeffer

Für das Langustengericht:
2 frisch gekochte Langusten
2 EL Annato-Öl
0,3 l trockener Weißwein
1 frische Chilischote (Peperoni)

Zubereitung
Den Bauchspeck kleinschneiden. Die Zwiebeln und die Knoblauchzehen schälen und fein würfeln. Die Paprikaschoten säubern, der Länge nach halbieren, entkernen und zusammen mit dem Schinken in gleich-

mäßig kleine Würfel schneiden. In einem Topf den Bauspeck unter häufigem Wenden anbraten und sobald das Fett ausgelaufen ist den Bauchspeck entfernen.
Das Annato-Öl hinzufügen und darin die vorbereiteten Zutaten andünsten. Die Tomatenwürfel untermischen und ein wenig mit Weißwein verrühren. Die Petersilie von den Stengeln zupfen, kleinhacken und unterheben, zum Schluß salzen und pfeffern. Das Ganze bei milder Hitze etwa 20 Minuten köcheln lassen.
Die Langusten mit einem scharfen Messer oder Beil der Länge nach halbieren, die Schwänze abhacken, die Därme entfernen und unter fließend kaltem Wasser waschen. Die Scheren aufhacken. Das Annato-Öl in einem größeren Bräter erhitzen und darin die Langustenschwänze und -scheren von allen Seiten anbraten. Mit Weißwein ablöschen, ein paarmal aufkochen lassen und mit der Tomatensauce überziehen. Die Chilischote säubern, längs aufschneiden, entkernen, klein würfeln und beigeben. Den Bräter mit einem Deckel verschließen und das Gericht bei zurückgedrehter Hitze etwa 10 bis 15 Minuten „schmurgeln" lassen. Im Bräter servieren!
Dazu passen Safranreis und gemischte Gemüse.

Zubereitungszeit: ca. 1 Stunde
Garzeit: 35-40 Minuten

Karibische Fisch-Brühe
Fish Stock

Für viele Fischgerichte muß eine Fischbrühe, ein Fish Stock, im Kühlschrank griffbereit sein. Folgendes Rezept ergibt etwa 2 Liter fertige Brühe.

Zutaten
1 1/2 kg Fischabfälle (Gräten, Köpfe, Schwänze)
2 1/2 l Wasser
2 Lorbeerblätter
1 TL Salz
1 Bund Suppengrün
1 große Zwiebel
einige Petersilienstengel

Zubereitung
Die Fischabfälle unter fließend kaltem Wasser gründlich waschen und in einen größeren Topf legen. Mit ca. 2 1/2 l kaltem Wasser aufgießen und die Lorbeerblätter zerdrückt einlegen. Salzen und ein paarmal aufkochen, den dabei entstandenen Schaum von der Oberfläche abschöpfen. Das Suppengrün säubern und grob zerschneiden. Die Zwiebel mit der Schale in grobe Stücke schneiden. Die Petersilienstengel waschen. Die vorbereiteten Zutaten in die Brühe legen und das Ganze etwa 40 Minuten köcheln lassen. Durch ein feinmaschiges Sieb gießen, abkühlen lassen und portionsweise einfrieren oder im Kühlschrank fest verschlossen für etwa 4-6 Tage aufbewahren.

Zubereitungszeit: ca. 25 Minuten
Garzeit: ca. 40 Minuten

Langusten-Salat aus Barbados
Langosta Salad

Barbados verfügt über eine durch und durch britisch geprägte Küche, die jedoch mit der Zeit von internationalen Einflüssen mitbestimmt wurde. Auf Barbados ist in kulinarischer Hinsicht alles möglich: Heute zum Italiener, morgen zum Inder, vielleicht mal zum Franzosen oder lieber etwas Einheimisches wie ein Gericht aus fliegenden Fischen?
Doch vorher diesen köstlichen Langusten-Salat.

Zutaten

500 g frisch gekochtes Langustenfleisch
Saft von 1 Limette
2 hartgekochte Eier
1 Bund Frühlingszwiebeln
100 g Sellerieknolle
100 g Mayonnaise
50 g saure Sahne
1 EL gehackte Kräuter
Salz
weißer Pfeffer
4 große Salatblätter

Zubereitung

Das Langustenfleisch in gleichmäßige, etwa zentimetergroße Würfel schneiden. Mit dem Saft einer Limette beträufeln.
Die hartgekochten Eier schälen und einmal quer und einmal längs durch den Eierschneider drücken. Die Frühlingszwiebeln putzen und mit ein wenig Grün klein würfeln. Den Sellerie schälen und passend zu den anderen Zutaten schneiden.
Alle Salatzutaten mit der Mayonnaise sowie der sauren Sahne vermengen. Leicht salzen und pfeffern. Je ein Salatblatt auf einen größeren Teller legen und den Salat darauf dekorativ anrichten.
Nach Belieben mit Langustenscheren und Limettenscheiben garnieren.

Zubereitungszeit: ca. 30 Minuten

Fein marinierter Fisch aus Martinique
Blaff

Martinique gehört der französischen Küche an – und dies mit Leib und Seele. Verwöhnte Gourmets finden hier ihr Paradies. Zu den Spezialitäten gehören gefüllte Krebse *(crabes farcis)*, Flußkrebse *(Cribiches)* und Seeigel *(Oursin)*. „Blaff" ist das wohl bekannteste Fischgericht Martiniques, für das die unterschiedlichsten Fische aus den karibischen Meerestiefen verwendet werden.
Auf Martinique kommen in den Fischsud zusätzlich entweder Baybeeren oder Bayblätter *(→ Typische Zutaten und Gewürze)*. Die Baybeeren, auch als Malagueta-Pfeffer bekannt, werden wie Piment verwendet.

Zutaten
4 Fischportionen von je ca. 300 g (z.B. Kabeljau oder Barsch)
Saft von 4 Limetten
1/2 l Weißwein
1/2 l Wasser
1 TL Salz
1 große Zwiebel
4 Knoblauchzehen
1 rote Chilischote (Peperoni)
1/2 Bund Petersilie

Zubereitung
Die Fischstücke unter fließend kaltem Wasser gründlich waschen und in eine Form legen. Den Limettensaft mit Weißwein, Wasser sowie Salz verschlagen und die Hälfte davon über die Fischstücke gießen. Zudecken und für etwa 2 Stunden bei Zimmertemperatur marinieren lassen. Zwischendurch ein- bis zweimal wenden.
In der Zwischenzeit die Zwiebel und die Knoblauchzehen schälen und fein hacken. Die Chilischote säubern, entkernen und fein würfeln. Die Petersilie waschen und grob zerschneiden.

Den marinierten Fisch aus der Flüssigkeit nehmen und mit Küchenkrepp abtupfen. Die beiseite gestellte Fllüssigkeit einige Male aufkochen lassen und dann die vorbereiteten Zutaten einstreuen. Die Fischstücke einlegen, einmal aufwallen lassen, den Topf mit einem Deckel verschließen und das Ganze bei zurückgedrehter Hitze etwa 10 Minuten ziehen lassen.
Den gekochten Fisch auf einer großen Servierplatte anrichten und mit der Kochflüssigkeit überziehen. Nach Belieben mit viel frischer Petersilie garnieren.
Dazu passen Reis oder Süßkartoffeln.

Zubereitungszeit: ca. 30 Minuten
Garzeit: ca. 20 Minuten

Gebackene gefüllte Hummerkrabben aus der Dominikanischen Republik
Camarones Rellenos

Die Dominikanische Republik teilt sich mit Haiti eine größere Insel, genauer gesagt, sie ist auf dem östlichen Teil der Insel Hispaniola gelegen, die zu den Großen Antillen gehört. Die Hauptstadt ist Santo Domingo, die Sprache ist Spanisch, und an jeder Imbißbude wird „Arroz Dominicano", eine Art Paella, gegessen. Oder wie wäre es — frisch aus dem rauchenden Öl — mit folgender Köstlichkeit:

Zutaten
Für den Backteig:
200 g Mehl
Salz
2 Eier, getrennt
1/4 l helles Bier

Für die Füllung:
2 entrindete frische Weißbrotscheiben
1 kleine Zwiebel
Saft von 1 Limette
50 g Anchovispaste
50 g weiche Butter
Pfeffer

Zum Backen:
20 geschälte Hummerkrabben
ca. 100 g Mehl
Kokosfett zum Fritieren

Zubereitung
Das Mehl mit einer Prise Salz in eine Schüssel sieben. Die Eidotter hineinschlagen und das Ganze mit Bier zu einem dickflüssigen Teig vorsichtig verarbeiten. Das Eiweiß steif schlagen und unter den Teig heben. Das Weißbrot auf einer Reibe fein zerkrümeln. Die Zwiebel schälen und kleinschneiden, so daß sie durch die Knoblauchpresse gedrückt werden kann. Alle Zutaten zu einer festen Creme verrühren und etwa 1 Stunde kalt stellen.
Die Hummerkrabben der Länge nach am Rücken einschneiden, Därme entfernen, waschen und trockentupfen. Je eine Krabbe im Rückeneinschnitt mit etwas Anchoviscreme füllen und festdrücken. Leicht in Mehl wenden, durch den Teig ziehen und in siedendes Backfett legen. In etwa 8 Minuten knusprig sowie goldbraun fritieren.
Sofort genießen!

Zubereitungszeit: ca. 50 Minuten

Gebackener Edamer mit Krabben gefüllt
Keshy Yena coe Cabaron

Karibik und Edamer Käse? Um diese auf den ersten Blick vielleicht ungewöhnlich erscheinende Verbindung zu verstehen, muß man wissen, daß sich Anfang des 17. Jahrhunderts die Holländer auf den Inseln Aruba, Bonaire und Curaçao – allgemein die ABC-Inseln genannt – niederließen. Seither nennt man diese Inselgruppe auch „Klein-Holland“, und in der Küche dominiert neben spanischen und kreolischen Einflüssen natürlich auch gute alte holländische Kochtradition.

Zutaten

1 Edamerkugel von ca. 1 1/2-2 kg Gewicht
500 g Krabben oder Hummerkrabben
4 geschälte Tomaten
2 große Zwiebeln
2 EL Pflanzenöl
Salz
Cayennepfeffer nach Geschmack
2 Scheiben Weißbrot, entrindet
50 g grüne Oliven, Paprika gefüllt
50 g Rosinen
1 Ei
1 EL Butter

Zubereitung

Die Käsekugel rundherum von der Schale befreien, oben den Deckel abschneiden und unten mit dem Messer abflachen, um einen sicheren Stand zu ermöglichen. Das Käseinnere mit einem kleinen Messer und einem Löffel so auskratzen, daß nur das „Gehäuse“ stehen bleibt. Den Käse in eine Schüssel setzen und etwa 1 Stunde mit kaltem Wasser bedeckt wässern.

Die „Käseabfälle" fein reiben, davon etwa 300 g für die Füllung bereitstellen (der Rest wird für dieses Gericht nicht mehr benötigt).
Die Krabben schälen, die Därme entfernen und gründlich säubern. Die Tomaten klein würfeln, die Zwiebeln schälen und hacken. Die Käsekugel aus dem Wasser nehmen und trockentupfen. Den Backofen auf 180 Grad vorheizen.
In heißem Pflanzenöl die Zwiebeln glasig anschwitzen, die Krabben einige Minuten mitdünsten und die Tomatenwürfel einstreuen. Mit den Gewürzen abschmecken und nur noch leise ziehen lassen. Das Weißbrot in kleine Würfel, die Oliven in dünne Streifen schneiden. Den Pfanneninhalt mit dem geriebenen Käse, den Weißbrotwürfeln, den Olivenstreifen, den Rosinen und dem Ei vermengen. Eine Backform auswählen, die den Käse fest umschließt und diese mit Butter ausstreichen. Die Käsekugel mit der pikanten Mischung füllen und den Käse in die Form setzen. Den Käsedeckel obenauf legen und den Käse im Backofen etwa 1/2 Stunde backen.
Am besten in der Form servieren.

Zubereitungszeit: ca. 1 Stunde
Garzeit: ca. 30 Minuten

Krabbenfleisch mit Reis aus Antigua
Crabstew

Antigua ist eine durch und durch englisch geprägte Insel, die zwei wichtige Termine auf dem Kalender zu vermerken hat. Zum einen „Queens Birthday", einen gesetzlichen Feiertag, und den Karneval, der eine Woche vor dem ersten Montag im August stattfindet. Eine heiße Sache, die so manches auf der Insel lahmlegt — aber vielleicht haben Sie ja das Glück und Ihnen wird in einem der netten Familienrestaurants so ein lecker zubereitetes Krabbenfleisch angeboten:

Zutaten
500 g ausgelöstes Krabbenfleisch
4 Knoblauchzehen
2 Zwiebeln
2 (Gemüse-)Paprikaschoten
2 scharfe Chilischoten (Peperoni)
4-5 EL Annato-Öl
1/4 l Tomatenmus
Saft von 2 Limetten oder Limonen
Salz
Cayennepfeffer
Piment
300 g gekochter Reis

Zubereitung
Das Krabbenfleisch unter fließend kaltem Wasser waschen, trockentupfen und dabei leicht zerpflücken. Die Knoblauchzehen und die Zwiebeln schälen und hacken. Die Paprikaschoten sowie die Chilischoten säubern, entkernen und klein würfeln.
In einer hohen, breiten Pfanne das Annato-Öl erhitzen. Den Knoblauch und die Zwiebeln darin glasig andünsten. Das Krabbenfleisch einlegen,

von allen Seiten einige Minuten anbraten lassen und wieder herausnehmen. Paprika- und Chili-Würfel in die Pfanne geben, einige Male umrühren und mit Tomatenmus aufgießen. Mit Limettensaft sowie den Gewürzen abschmecken; bei reduzierter Hitze etwa 15 Minuten leise köcheln lassen.
Kurz vor dem Servieren den Reis und das Krabbenfleisch zum Erwärmen unterheben. Mit frisch gehacktem Cilantro (chinesische Petersilie) oder europäischer Petersilie bestreuen.

Zubereitungszeit: ca. 40 Minuten; reine Arbeitszeit 25-30 Minuten

Stockfischpfannkuchen aus Jamaika
Stamp and Go

Stockfischpfannkuchen sind eine auf allen Inseln der Karibik beliebte Spezialität, nur daß sie sich oft hinter den verschiedensten Bezeichnungen versteckt: In Puerto Rico z.B. werden die Pfannkuchen wie Beignets (Krapfen) hergestellt und heißen *Bacalaitos*, und auf französischsprachigen Inseln werden sie *Acrat de morue* bezeichnet. Nachfolgend die jamaikanische Version, die dort in Form kleiner Küchlein als Häppchen, gerne zu einem Glas Rum, serviert wird.

Zutaten

300 g getrockneter Stockfisch
2 Chilischoten (Peperoni)
2 Zwiebeln
250 g Mehl
Salz
1 Ei
ca. 1/8 l Milch
20 g zerschmolzene Butter
Annato-Öl zum Ausbacken

Zubereitung

Den Stockfisch mindestens acht Stunden in kaltem Wasser einweichen. Anschließend in etwa 20 Minuten gar kochen. Das Fischfleisch entgräten und mit einer Gabel zerpflücken. Die Chilischoten säubern, entkernen und fein würfeln. Die Zwiebeln schälen und hacken.
Aus Mehl, Salz, dem Ei, der benötigten Menge Milch und flüssiger Butter einen geschmeidigen Pfannkuchenteig herstellen.
In einer kleinen Pfanne portionsweise folgendermaßen kleine Stockfischkuchen ausbacken: In heißem Annato-Öl Zwiebel- und Chiliwürfel sowie Stockfisch einstreuen, kurz andünsten und mit dickflüssigem Teig begießen. Stocken lassen und wenden.

Zubereitungszeit: ca. 30 Minuten (ohne Einweich- und Kochzeit)

Foto:

Gefüllte Kokosnüsse aus Jamaika / Chicken portello

Rezept siehe S. 83

Kreolische Jumbogarnelen
Prawn Creole

Gemeinhin bezeichnet man mit dem Wort „Kreole" einen in der „Neuen Welt" geborenen Menschen französischer oder spanischer Abstammung. Ähnlich ist es mit der kreolischen Küche: Hier vereinen sich französische Grundlagen mit spanischer Eigenart, dazu kommen westafrikanische Elemente sowie Merkmale der unterschiedlichsten Kulturen — kombiniert mit der tropischen Vielfalt an Nahrungsmitteln.

Zutaten
8-12 Riesengarnelen
5 Knoblauchzehen
1 Karotte
1/2 Stange Lauch
0,1 l Annato-Öl
5 cl Anisschnaps (französischer Pastis)
1 EL Paprikamark
1/2 l Fish Stock (→ Rezept)
50 g Crème fraîche
Salz
bunter Pfeffer
Saft von 1 Limette

Zubereitung
Die Riesengarnelen schälen, die Därme entfernen und gründlich waschen. Die Knoblauchzehen schälen und hacken. Die Karotte (ungeschält) in grobe Stücke schneiden. Den Lauch der Länge nach halbieren, waschen und zerschneiden. In einem Topf die Hälfte des Annato-Öls erhitzen und darin die Garnelenschalen unter ständigem Rühren durchrösten. Das Gemüse sowie das Paprikamark einrühren und nach einigen Minuten mit Anisschnaps ablöschen. Mit Fish Stock aufgießen, würzen und bei starker Hitze auf 2/3 der Menge reduzieren.

Den Fischfond durch ein Sieb gießen, die Zutaten dabei fest auspressen und erneut 10 Minuten köcheln lassen. Zuletzt mit Crème fraîche verfeinern.
Die Garnelen salzen, pfeffern, mit Limettensaft beträufeln und in dem restlichen Öl rundherum anbraten. Zu diesem feinen Gericht passen diverse Reismischungen oder Nudeln.

Zubereitungszeit: etwa 40 Minuten

Fischfilet mit Paprika-Mais aus Martinique
Red Snapper with Corn

Der wohl bekannteste Fisch von den unzähligen Fischarten der Karibik ist der Red Snapper. Tiefgekühlt ist er auch bei uns zu erhalten.

Zutaten
3/4 kg Red-Snapper-Filet
Saft von 2 Limetten
Salz
Piment
300 g Maikörner
1 Zwiebel
2 Paprikaschoten
5-8 EL Erdnußöl
Rohrzucker nach Geschmack
3 cl Rum
0,2 l Fish Stock (→ Rezept)
50 g Crème fraîche
1 Bund gehackte Cilantro (chinesische Petersilie), ersatzweise deutsche Petersilie
1 El Butter

Zubereitung
Die Red-Snapper-Filets unter fließend kaltem Wasser gründlich waschen; anschließend trockentupfen. Mit dem Saft einer Limette, Salz sowie Pfeffer marinieren.
Die Maiskörner über einem Sieb abtropfen lassen. Die Zwiebel schälen und hacken. Die Paprikaschoten säubern, entkernen und in etwa zentimetergroße Würfel schneiden. Einen Teil des Erdnußöls erhitzen, Zwiebelwürfel, Maiskörner und Paprikawürfel andünsten. Leicht mit Zucker bestreuen und mit dem Rum ablöschen. Mit der Fischbrühe an-

gießen, würzen und bei zurückgedrehter Hitze leise köcheln lassen. Zuletzt mit Crème fraîche und gehackter Petersilie verfeinern.
Die Fischfilets in dem restlichen Öl von beiden Seiten knusprig braten, zwischendurch einen Löffel Butter beigeben. Den Paprikamais auf Teller verteilen und darauf die Fischfilets legen.
Mit Bananenchips *(→ Vorspeisen)* und kreolischem Rosinenreis servieren.

Zubereitungszeit: etwa eine 3/4 Stunde

Gebratene Fischfilets mit Süßkartoffeln aus Tobago
Fish Creole

Wir verwenden für dieses Rezept am liebsten einen Steinbeißer, der allerdings durch andere beliebige Fische ersetzt werden kann. Das Originalrezept wird mit dem „Kofferfisch“ (nach dem Aussehen benannt) zubereitet.

Zutaten
4-5 große Süßkartoffeln
1 EL Rohrzucker
Salz
1/2 Zimtstange
Piment
50-80 g zimmerwarme Butter
3/4 kg Steinbeißer-Filets
Saft von 2 Limetten
Salz
weißer Pfeffer
2 Eier
200 g Maniok- oder Maismehl
1 Bund gehackte Cilantro (chinesische Petersilie), ersatzweise deutsche Petersilie
Pflanzenöl zum Backen
2 Limetten, in Scheiben geschnitten

Zubereitung
Die Kartoffeln waschen (bürsten) und mit Wasser bedeckt in einen Topf geben. Unter Zusatz von Rohrzucker, Salz, der Zimtstange sowie einer Prise Piment in ca. einer 3/4 Stunde gar kochen.
In der Zwischenzeit die Steinbeißer-Filets säubern, mit Limettensaft säuern und salzen. Nur leicht mit Pfeffer würzen und etwa 10 Minuten ruhen lassen.

Die Filets anschließend durch die verschlagenen Eier ziehen und mit einer Mischung aus dem Mehl sowie der Petersilie panieren.
In reichlich heißem Fett von beiden Seiten knusprig backen. Auf einer vorgewärmten Fischplatte anrichten und mit Limettenscheiben belegen.
Die Süßkartoffeln schälen, in Achtel oder Viertel schneiden und zusammen mit der Butter in eine Schüssel geben.

Zubereitungszeit: etwa 1 Stunde; reine Arbeitszeit ca. 25 Minuten

Marinierter Gemüsefisch aus Jamaika
Eskovitch

In Jamaika gilt diese delikate Fischspeise als Nationalgericht.

Zutaten

800 g Fischfilets
Salz
Saft von 1 Limette
3 Zwiebeln
3 grüne Paprikaschoten
3 Karotten
Olivenöl
Chilipulver bzw. Cayennepfeffer
1 TL schwarze Pfefferkörner, zerstoßen
2 Lorbeerblätter
0,05 l Weinessig
nach Belieben 1 TL Thymian, getrocknet

Zubereitung

Die Fischfilets waschen und trockentupfen. Salzen und mit Limettensaft beträufeln. Die Zwiebeln schälen und in dünne Ringe schneiden. Die Paprikaschoten säubern, entkernen und in schmale Streifen schneiden. Die Karotten schälen und dünn stifteln.

Das Gemüse in genügend heißem Olivenöl andünsten. Mit Chilipulver, Salz, Pfefferkörnern und den Lorbeerblättern kräftig würzen. Weinessig angießen und nach Belieben getrocknete Kräuter einstreuen. Bei kleiner Hitze etwa 20 Minuten dünsten lassen.

Die Fischfilets in Olivenöl knusprig und goldbraun braten. Auf vorgewärmte Teller verteilen und mit der pikanten Gemüsemischung überziehen.

Variante: Den gebratenen Fisch und das Gemüse schichtweise in eine Form geben und mindestens 5 Stunden in den Kühlschrank stellen. Anschließend kalt mit Maisbrot genießen.

Zubereitungszeit: ca. 25-30 Minuten, Garzeit ca. 20 Minuten

Riesengarnelen mit Kokossauce und Nudeln aus Grenada

Die reichhaltige Ernte auf Grenada sowie die Vermischung von kreolischer und internationaler Küche ließen dieses feine Rezept entstehen. Lassen Sie sich überraschen.

Zutaten
300 g Mehl
Salz
3 Eier
2 EL Knoblauchöl
1 Bund frische gemischte Kräuter
1 Pfefferschote
8-12 Riesengarnelen
5 EL Pflanzenöl
1 EL Butter
1 Schuß Rum
0,3 l Kokosnußmark, ungesüßt
Pfeffer
gemahlene Muskatblüte
Saft von 1/2 Limette

Zubereitung
Aus Mehl, Salz, Eiern und dem Knoblauchöl einen geschmeidigen Nudelteig kneten. Zugedeckt etwa 1 Stunde ruhen lassen. Dann den Teig dünn ausrollen und mit einem scharfen Messer in dünne gleichmäßige Nudeln schneiden (oder Nudelmaschine verwenden).
Die Knoblauchzehen schälen und hacken. Die Kräuter von den Stengeln zupfen und kleinschneiden. Die Pfefferschote längs halbieren, entkernen und klein würfeln. Die Riesengarnelen von Schalen und Därmen befreien, unter kaltem Wasser abwaschen und trockentupfen.

In heißem Pflanzenöl die Riesengarnelen von allen Seiten anbraten, dann herausnehmen. In den Bratensatz etwas Butter geben und den Knoblauch sowie die Pfefferschote einstreuen. Nach einigen Minuten mit Rum ablöschen und mit Kokosnußmark auffüllen. Die Sauce etwa 15 Minuten leise köcheln lassen, durch ein Sieb streichen, würzen und die Garnelen einlegen. Mit frischen Kräutern und Limettensaft verfeinern.
Die Nudeln in sprudelnd kochendes Salzwasser legen und in etwa 5 Minuten gar kochen. In einem Sieb abtropfen lassen und zusammen mit den Garnelen auf Tellern anrichten.

Zubereitungszeit: reine Arbeitszeit ca. 40 Minuten, Kochzeit ca. 20 Minuten, Ruhezeit für den Teig 1 Stunde

Fischcurry aus Tobago
Curry Poisson

Tobago gehört mit der Schwesterinsel Trinidad zur Inselgruppe der Kleinen Antillen. Nur etwa 300 qkm groß, findet man hier alles, was zu einem karibischen Paradies dazu gehört. Auch in kulinarischer Hinsicht, wie die Meeresfrüchte, in diesem speziellen Curry angerichtet, beweisen.

Zutaten

400 g Tomaten
400 g Auberginen
2 Knoblauchzehen
2 Schalotten
800 g Fischfilet
0,1 l Pflanzenöl
1 EL Currypulver
1/4 l Brühe oder Wasser
Salz
Pfeffer
Saft von 1/2 Limette
1 TL Koriandergrün, gehackt

Zubereitung

Die Tomaten blanchieren, häuten und in Achtel schneiden. Die Auberginen waschen, der Länge nach halbieren und quer in dünne Scheiben schneiden. Die Knoblauchzehen sowie die Schalotten schälen und hacken. Das Fischfilet in mundgerechte Stücke schneiden und in heißem Öl von beiden Seiten anbraten. Herausnehmen und auf Küchenkrepp entfetten.

Den Bratensatz mit dem restlichen Öl aufgießen und darin das Zwiebel-Knoblauch-Gemisch andünsten – bis es duftet. Die Tomatenachtel und

die Auberginenscheiben beigeben. Unter ständigem Rühren mit Currypulver bestäuben und mit Brühe oder Wasser aufgießen. Das Ganze bei milder Hitze etwa 15 Minuten köcheln lassen.
Zuletzt die Fischstücke vorsichtig unterheben und mit den Gewürzzutaten pikant abschmecken.
Dazu passen Reis, fritierte Gemüsebananen oder Safranschnitten.

Zubereitungszeit: 30-40 Minuten
Garzeit: 15 Minuten

Tropisch und exotisch: Gemüse einmal ganz anders

Überbackener Spargel von den Jungferninseln
Gratinated Asparagus

Auch in bezug auf ihre Küche sind die Virgin Islands der USA unzweifelhaft eine us-amerikanische „Dependance".
Kulinarisch ist alles möglich — mit Ketchup oder mit Sirup?

Zutaten
700 g frischer Spargel (ersatzweise 500 g aus dem Glas)
Salz
100 g Butter
1 Prise Zucker
Saft von 1 Limette
40 g Mehl
0,2 l Milch
Cayennepfeffer
3 Eier, getrennt

Zubereitung
Den Spargel schälen und dabei holzige Stellen wegschneiden. Anschließend in kochendes Salzwasser legen — unter Zusatz von einem Stich Butter, Zucker und einem Spritzer Limettensaft.
Die Spargelstangen nach etwa 10minütiger Kochzeit aus dem Wasser nehmen und über einem Sieb abtropfen lassen. Wird Spargel aus dem Glas verwendet, entfällt dieser Schritt.
Eine Auflaufform wählen, die vom Platz her gut in einen Bräter paßt, und diese üppig ausbuttern. Die Spargelstangen quer in drei Stücke schneiden.

In einem Topf die restliche Butter heiß schäumend erhitzen. Das Mehl einsieben und unter ständigem Rühren hell halten. Mit Milch aufgießen und solange köcheln lassen, bis eine dickliche Sauce entstanden ist. Den Topf vom Herd nehmen und nach kurzem Abkühlen die Eigelbe unterschlagen.
Das Eiweiß mit einer Prise Salz zu steifem Schnee schlagen. Den Eischnee sowie die Spargelstücke unter den hellen Brei mengen. Die Auflaufform damit füllen und obenauf glattstreichen.
Mit einem Deckel oder mit Alufolie dicht abschließen und die Form in den Bräter setzen. Seitlich kochend heißes Wasser eingießen und das Ganze behutsam in den auf 180 Grad vorgeheizten Backofen schieben. Nach etwa 50 Minuten die Nadelprobe machen — und sobald der Auflauf fest ist, sofort servieren.

Zubereitungszeit: ca. 20 Minuten (Dosenspargel) bzw. 40 Minuten (frischer Spargel)
Backzeit: ca. 1 Stunde

Gebackene Bananenküchlein

Diese kleinen Bananenfladen sind die karibische Antwort auf die russischen Blinis. Je nach Belieben kann man große oder kleine, gerollte oder ausgestochene Plätzchen herstellen.

Zutaten
4 mittelgroße Bananen
Saft von 1 Limette
100 g Mehl (auch Kartoffelmehl)
1 Päckchen Backpulver
Salz
bunter Pfeffer
80-100 g Schmalz oder Butter

Zubereitung
Die Bananen schälen und unter Beigabe von Limettensaft kräftig zu einem Mus zerkneten. Mit Mehl, Backpulver, Salz und Pfeffer zu einem kompakten Teig verarbeiten. Kleine Portionen abstechen und diese mit der Handfläche platt drücken. In heißes Fett legen und von beiden Seiten goldbraun backen. Auf Küchenkrepp kurz entfetten und als Beilage servieren.
Tip: Auch als eigenes Gericht mit verschiedenen Dips sehr pikant.

Zubereitungszeit: etwa 40 Minuten

Scharfe Bananen
Pepper-Bananas

Bananen sind mit Chamäleons zu vergleichen. Ob scharf zubereitet, ob süß, sie sind verwandlungsfähig, und das ist ihre Stärke.
Folgendes Rezept ist von den Mengenangaben her als Sättigungsbeilage, zum Beispiel zu gegrilltem Fleisch, berechnet.

Zutaten
400 g Gemüsebananen (etwa 1 Stück)
Saft von Limette
1 Chilischote (Peperoni)
2 Knoblauchzehen
2 EL Butter
1 EL Paprikamark
Salz
Cayennepfeffer
0,1 l Hühnerbrühe
200 g Sahne

Zubereitung
Von den Gemmüsebananen die Enden abschneiden, die Haut längs einritzen und abziehen. Quer in etwa ein Zentimeter dicke Scheiben schneiden und mit Limettensaft marinieren.
Die Chilischote säubern, entkernen und hacken. Den Knoblauch schälen und durch eine Presse zu den Bananen drücken.
In heißer Butter die Knoblauchbananen andünsten, mit Paprikamark leicht rösten, salzen und pfeffern. Mit Hühnerbrühe und Sahne aufgieße, die Hitze zurückdrehen und das Ganze etwa 10 Minuten leise köcheln.

Zubereitungszeit: etwa 1/2 Stunde

Kreolische Safranschnitten

Die kreolische Küche ist ein „Hexenkessel", die tropisch kulinarische Vielfalt mit mannigfaltigen Einflüssen kosmopolitischer Art vereint. Maisgries gehört einfach dazu ...

Zutaten
5 Knoblauchzehen
50 g Butter
1 Döschen Safran
1/2 l Gemüsebrühe
250 g Maisgries (Polenta)
Salz
Pfeffer
1 Hauch Muskatblüte

Zubereitung
Die Knoblauchzehen schälen und hacken. In einem Topf die Butter heiß schäumend erhitzen. Den Knoblauch einstreuen und solange dünsten, bis er duftet. Die Safranfäden hinzufügen und mit Gemüsebrühe aufgießen. Nach dem ersten Aufkochen den Maisgries kräftig einrühren. Bei milder Hitze und unter ständigem Rühren weitere 10 Minuten köcheln lassen. Mit den Gewürzen abschmecken.
Ein Backblech mit Butter auspinseln und darauf die Polentamasse streichen und zu einem Rechteck formen. Etwa 10 Minuten ruhen lassen. Mit Formen Ihrer Wahl Polentaschnittchen ausstechen.

Zubereitungszeit: ca. 30 Minuten

Foto:
Fischcurry aus Tobago / *Curry Poisson*
Rezept siehe S. 122

Gemüse-Eierkuchen aus Kuba

Kuba wird mit drei Dingen sofort verknüpft: Fidel Castro, Zigarren aus Havanna und würzigem, handfestem Essen. Das Geheimnis der Küche ist Schärfe und Raffinesse.

Zutaten (für 1 Springform, Durchmesser ca. 28 cm)
1 Bund Frühlingszwiebeln
200 g frische Champignons
2 Peperoni
4 EL Pflanzenöl
Salz
Pfeffer
1 Prise gemahlene Muskatblüte
350 g Mehl
100 g flüssige Butter
Salz
knapp 1/2 l warme Milch
4 Eier
Butter für die Backform

Zubereitung
Die Frühlingszwiebeln putzen und quer in dünne Ringe schneiden; nur einen Teil der Zwiebelröhrchen verwenden. Die Champignons putzen und feinblättrig schneiden. Die Peperonis längs aufschlitzen, entkernen, säubern und in dünne Scheibchen schneiden. Das vorbereitete Gemüse in heißem Pflanzenöl einige Minuten andünsten. Das Ganze kräftig würzen und die Pfanne beiseite stellen.
Den Backofen auf 220 Grad vorheizen und die Backform üppig ausbuttern. Mit einem elektrischen Handrührgerät aus Mehl, Butter, Salz, Milch und Eiern einen dickflüssigen Teig herstellen. Mindestens 8 bis 10 Minuten aufschlagen, damit der Teig viel Luft bekommt. Das Gemüse in

die Backform geben und mit Teig auffüllen. Sofort in den Ofen schieben und in etwa 1/2 Stunde fertig backen.
Mit frischen Salaten und einem Relish (z.B. Mango-Relish, → *Saucen*) servieren.

Zubereitungszeit: 40-45 Minuten, Backzeit 30 Minuten

Ladyfingers aus Puerto Rico

Okraschoten, wegen ihrer länglichen Form auch „Ladyfingers" genannt, werden in der Karibik nicht nur zuhauf angebaut, sondern auch gerne verzehrt. Auf Barbados liebt man sie als Zugabe zum Maismehlpudding, dem „Cou-Cou", in Puerto Rico scharf gewürzt mit Tomaten.

Zutaten

500 g Ladyfingers (Okraschoten)
500 g gehäutete Tomaten
2 Zwiebeln
2 Knoblauchzehen
1 frische Chilischote (Peperoni)
4-5 EL Olivenöl
Salz
Pfeffer, frisch gemahlen
1 Spritzer Sherry
0,2 l Brühe
brauner Rohrzucker nach Bedarf

Zubereitung

Die Okraschoten waschen und abtrocknen. Das Gröbste von den Stielansätzen wegschneiden, aber dabei die Schoten nicht verletzen. Die Tomaten entkernen und klein würfeln. Die Zwiebeln und die Knoblauchzehen schälen und hacken. Die Chilischote säubern, entkernen und fein schneiden.

In einem größeren Topf das Olivenöl erhitzen und darin die Zwiebel- und Knoblauchwürfel glasig anschwitzen. Nach einigen Minuten die Chilischote sowie die Tomatenstückchen einstreuen. Salzen und pfeffern. Zuletzt die Okraschoten hinzufügen, mit Sherry aromatisieren und mit Brühe angießen. Den Topf mit einem Deckel verschließen, die Hitze reduzieren und das Ganze etwa 20 Minuten leise köcheln lassen.

Noch ein Tip: Sollte Ihnen das Gericht zu feurig geworden sein, so wirkt brauner Rohrzucker wahre Wunder ...

Zubereitungszeit: ohne Garzeit ca. 35 Minuten

Süßspeisen — nicht nur für „hinterher"

Moccacreme aus Barbados
Pitch Lake Pudding

Beim „Crop Over", dem einen Monat dauernden Erntedankfest auf Barbados, muß man dabei gewesen sein. Leckereien werden kredenzt, deren Ursprung in der britischen Küche liegen.

Zutaten

4 Eier, getrennt
Salz
100 g Zucker
100 g Butter
0,1 l starker Espresso
80 g Kakaopulver
1 Schuß Orangenlikör oder Rum
200 g Schlagsahne

Zubereitung

Das Eiweiß mit einer Prise Salz zu steifem Schnee schlagen und kurz in den Kühlschrank stellen. Die Eigelbe und den Zucker mit einem elektrischen Handrührgerät cremig aufschlagen.
Die Butter in Flöckchen in eine hitzebeständige Schüssel geben und über einem warmen Wasserbad zerlaufen lassen. Unter Zusatz des Kaffees und des Kakaopulvers einen Brei herstellen. Diesen portionsweise unter die Eigelbmasse rühren. Mit beliebigem Alkohol aromatisieren und zuletzt den Eischnee locker unterheben.
Die Schüssel mit der Moccacreme zwei bis drei Stunden kühl stellen. Erst kurz vor dem Servieren die geschlagene Sahne unterziehen.
Mit frischen Früchten garnieren und mit Puderzucker oder Kakaopulver bestäuben.

Zubereitungszeit: 1/2 Stunde (ohne Kühlzeit)

Guavencreme aus Jamaika

Im Volksmund heißt diese Creme auch „Floating Island", übersetzt „Schwimmende Inseln". Durch die Vermischung von geschlagenem Eischnee und Gelee entstehen auf der Oberfläche der Creme (absichtlich) kleine Zwischenräume, die wie Inseln aussehen.

Zutaten

5 Eidotter
50 g Zucker
knapp 1/2 l süße Sahne
80 g Guavengelee
3 Eiweiß
1 EL Puderzucker
200 g geschlagene Sahne
Rum nach Belieben
Puderzucker und Zimt für die Garnitur

Zubereitung

Die Eidotter mit dem Zucker sowie der Sahne über einem warmen Wasserbad unter ständigem Schlagen zu einer luftigen Creme aufschlagen. Die Schüssel vom Wasserbad nehmen und die Creme einige Minuten kalt schlagen. In Portionsschälchen füllen, mit Folie überziehen und mindestens 3 Stunden kalt stellen.
Das Guavengelee langsam erwärmen. Den Eischnee mit Puderzucker zu steifem Schnee schlagen und das Guavengelee vorsichtig unterheben. Den Guavenschnee löffelweise auf der Creme verteilen, aber so, daß kleine „Schauminseln" entstehen. Die geschlagene Sahne mit Rum aromatisieren und als Garnitur verwenden.
Mit einer Mischung aus Puderzucker und Zimt bestäuben.

Zubereitungszeit: ohne Kühlzeit ca. 30 Minuten

Mangos & Rum

Dies ist ein von der Autorin selbst kreiertes Rezept, das in bezug auf die Hauptzutaten einen Querschnitt durch die karibischen Küchen bietet. Schmeckt lecker zum Dessert oder zu einem Rumtee oder -kaffee.

Zutaten
1/4 l Sahne
1 EL Puderzucker
weißer Rum nach Geschmack
50 g Rosinen
5 cl dunkler Rum
200 g Mehl
2 Eier, Dotter und Eiweiß getrennt
50 g Kokosflocken
1/4 l Weißwein oder Milch
1 EL Zucker
gemahlene Muskatblüte
ca. 500 g Mangofruchtfleisch
Kokosfett zum Fritieren

Zubereitung
Die Sahne mit Puderzucker sowie mit wenig Rum steif schlagen; kühl stellen. Die Rosinen fein hacken und mit Rum marinieren. Inzwischen aus Mehl, Eidottern, Kokosflocken, Weißwein (oder Milch), Zucker und Muskatblüte einen dickflüssigen Rührteig herstellen. Das Eiweiß zu steifem Schnee schlagen und vorsichtig unter den Teig heben.
Das Mangofruchtfleisch in siedend heißes Fett geben. Schwimmend knusprig und goldgelb backen. Auf Küchenkrepp entfetten und mit der Rumsahne servieren.

Zubereitungszeit: ca. 50 Minuten

Mangocreme aus Barbados

Diese Mangocreme ist eine tropische Spezialität, die mit frischem Fruchtmark besonders köstlich schmeckt. Zur Geschmacksabwandlung eignen sich Orangenlikör, Kokosschnaps sowie Rum.

Zutaten

500 g frisches Mangofruchtfleisch
Saft von 2 Limetten
2 Blatt weiße Gelantine
Alkohol Ihrer Wahl (z.B. Rum oder Likör)
2 Eiweiß
1 EL Puderzucker
200 g geschlagene Sahne
Kokosraspeln für die Garnitur

Zubereitung

Die frischen Mangofrüchte schälen und das Fruchtfleisch von den Kernen lösen. Das Mangofruchtfleisch unter Zusatz von Limettensaft im Küchenmixer fein pürieren. Die Gelantine nach Packungsaufschrift einweichen, im Fruchtmus vollständig auflösen und glatt rühren; mit ein wenig Alkohol geschmacklich verfeinern.
Das Eiweiß mit Puderzucker steif schlagen und vorsichtig unter das Mangomus heben. Zuletzt die Schlagsahne unterheben.
Die Mangocreme in Portionsschälchen füllen und mindestens 2 Stunden in den Kühlschrank stellen, bis die Creme fest wird. Kurz vor dem Servieren mit Kokosraspeln garnieren.

Zubereitungszeit: (ohne Kühlen) ca. 20-30 Minuten

Kokosnußkuchen aus Trinidad
Coconutbread

Weltberühmte Leckerbissen wie Kokosnußkuchen und Bananenkuchen stammen aus der Karibik. Kein Wunder — die Zutaten wachsen sozusagen an jeder Straßenecke.

Zutaten (für 1 Kastenbrot)
500 g Mehl
1 Päckchen Backpulver
250 g Zucker
250 g Kokosflocken
3 Eier
100 g weiche Butter
ca. 0,1 l Milch
Butter und Mehl für die Form

Für den Guß:
4 EL Rum
Saft von 1 Limette
Puderzucker

Zubereitung
Das Mehl mit Backpulver in eine Schüssel sieben. Zucker sowie Kokosflocken beimischen. Eier, Butter und Milch schaumig rühren und mit dem Mehlgemisch zu einem mittelfesten Teig verarbeiten.
Eine Kastenform ausbuttern und mit Mehl ausklopfen. Den Teig einfüllen und glatt streichen. Den Kuchen in den auf 180 Grad vorgeheizten Ofen schieben und in etwa 1 Stunde fertig backen (Nadelprobe machen). Den Kuchen in der Form abkühlen lassen, mit einem spitzen Messer die Ränder lösen und auf eine Platte stürzen. Aus Rum, Limettensaft sowie dem benötigten Puderzucker eine Creme rühren und den Kokosnußkuchen damit überziehen. Nach Belieben zusätzlich mit Kokosflocken bestreuen.

Zubereitungszeit: ohne Backzeit ca. 30 Minuten

Gebackene Bananen aus Anguilla
Baked Bananas

Schwarz gewordene Bananen schmecken noch süßer. Die enthaltene Stärke wird durch die oftmals lange Lagerzeit in Zucker umgewandelt – das ist der Grund, warum sich Bananen mit der Zeit verfärben. Im nachfolgenden Rezept werden die Bananen auch schwarz – allerdings auf die Schnelle im Backofen.

Zutaten
4 große Bananen
80 g Butter
1 EL brauner Rohrzucker
Saft von 1 Limette
50 g Kokosraspeln
Rum nach Belieben
gemahlener Piment oder Zimt

Zubereitung
Die Bananen mit einer Gabel mehrmals einstechen und in dem auf 200 Grad vorgeheizten Backofen auf ein Backblech legen. Sobald sich die Schalen der Bananen schwarz verfärben, diese herausnehmen. Butter heiß schäumend erhitzen und den Rohrzucker darin auflösen. Die Schalen vorsichtig lösen, die Bananen in die Butter einlegen und überziehen lassen. Mit Limettensaft beträufeln und mit Kokosraspeln sowie mit dem Gewürz bestreuen. Kurz vor dem Servieren mit Rum flambieren.

Zubereitungszeit: etwa 1/2 Stunde

Bananenkuchen aus Barbados
Bananabread

Ein derartig köstlicher Kuchen wie dieses Bananen-„Brot", der mit Schokolade oder mit Rumglasur überzogen wird, kann wohl nur aus der Karibik stammen.

Zutaten (für 1 Kastenform)

150 g zimmerwarme Butter
150 g Zucker
2 Eier
100 g gemahlene Mandeln
400 g Mehl
1 Päckchen Backpulver
400 g weiche Bananen
Saft von 1 Limette
Salz
Butter für die Form

Zubereitung

Butter, Zucker und Eier mit einem elektrischen Rührgerät schaumig aufschlagen. Die gemahlenen Mandeln, Mehl sowie Backpulver untermischen. Die Bananen mit einer Gabel und unter Zusatz von Limettensaft zu einem Mus zerquetschen und unter den Rührteig mischen.
Eine Kastenform mit Butter ausstreichen, den Teig einfüllen und glatt streichen. Den Kuchen in den auf ca. 180 Grad vorgeheizten Ofen schieben und in etwa 50 Minuten fertig backen (Nadelprobe machen).
Das Bananenbrot in der Form kurz abkühlen lassen, die Ränder mit einem spitzen Messer lösen und den Kuchen auf eine Platte stürzen. Eine Glasur Ihrer Wahl herstellen und den Kuchen damit überziehen.

Tip: Schmeckt hervorragend mit Puderzucker und Limettensaft.

Zubereitungszeit: (ohne Backzeit) ca. 20 Minuten

Gebackene Mangospalten aus Jamaika
Baked Mango

Das gleiche Rezept können Sie auch für andere Fruchtsorten verwenden. Oder einfach gemischte gebackene Früchte herstellen, z.B. mit Bananen, Ananas, Papaya etc.

Zutaten
500 g frisches Mangofruchtfleisch

Für den Teig:
200 g Mehl
Salz
1/4 l Bier
2 Eier, getrennt
1 EL Öl
Kokosfett zum Fritieren
Puderzucker und Zimt zum Bestäuben

Zubereitung
Das Mangofruchtfleisch in mundgerechte Spalten oder Würfel schneiden. Aus Mehl, Salz, Bier, Eigelb und dem Öl einen dickflüssigen Teig herstellen. Das Eiweiß zu festem Schnee schlagen und zuletzt unterheben.
Die Fruchtstücke sofort in siedend heißes Backfett geben. Schwimmend goldgelb und knusprig fritieren. Auf Küchenkrepp leicht entfetten und zum Servieren mit einem Gemisch aus Puderzucker sowie Zimt bestäuben.

Zubereitungszeit: etwa 45 Minuten

Konfitüre aus Mango

Liebhabern von Konfitüren und Marmeladen ist es eigentlich egal, wie diese eingemachten süßen Pasten genau zu bezeichnen sind. Hauptsache, sie schmecken. In Deutschland gibt es eine amtliche „Konfitürenregelung“ vom 1.10.92 unter Berücksichtigung der EG-Richtlinien, die besagt, daß sich nur Eingemachtes aus Zitrusfrüchten „Marmelade“ nennen darf. Werden andere Früchte verwendet, heißt das Produkt dann „Konfitüre“.

Zutaten
500 g Mangopüree
500 g Gelierzucker
Saft von 1 Limette
1 Päckchen Gelierhilfe
weißer Rum

Zubereitung
Das Mangopüree mit Gelierzucker gründlich vermengen und zugedeckt etwa 1 Stunde in den Kühlschrank stellen. Das Fruchtmus in einen Topf umfüllen, Limettensaft sowie Gelierhilfe beimengen und unter ständigem Rühren etwa 4 Minuten „aufwallen“ lassen. Die Konfitüre in ausgekochte Einmach-Gläser füllen und die Twist-off-Deckel mit weißem Rum ausschwenken. Rum ist nicht nur gut für die Konservierung, sondern gibt der Konfitüre einen zusätzlichen raffinierten Geschmack.

Zubereitungszeit: etwa 1 Stunde

Pomelo-Gelee

Ein Gelee ist laut Konfitürengesetz ein Produkt, das aus frischem Saft oder Saftkonzentraten hergestellt wird.

Zutaten
1 1/2 kg Pomelofrüchte
1/2 kg Mandarinen
Gelierzucker nach Bedarf
1 Päckchen Gelierhilfe

Zubereitung
Den Saft der Pomelo und der Mandarinen auspressen. Von den (unbehandelten) Schalen etwa 100 g sehr fein hacken. Den Fruchtsaft abmessen und genau dieselbe Menge an Gelierzucker verwenden.
Alle Zutaten inklusive der gehackten Schale in einem Topf miteinander vermengen. Zum Kochen aufstellen und nach dem ersten Aufkochen etwa 5 Minuten unter ständigem Rühren aufpuffen lassen. In sterile Einmach-Gläser füllen und die Deckel vor dem Verschließen mit Orangenlikör ausschwenken.

Zubereitungszeit: etwa 1 Stunde

Cocktails und andere Getränke, die's in sich haben ...

Die nachfolgenden Getränke sind jeweils für **eine Person** berechnet. So können Sie erst einmal alleine probieren und dabei auswählen, was Sie für andere mixen wollen.

Bei einer Vielzahl von Cocktails und anderen Kalt-Getränken ist übrigens *crash ice,* also zerstoßenes Eis, eher angebracht als Eiswürfel. Die Herstellung ist denkbar einfach:

So erhält man „crash ice"

Legen Sie die benötigten Eiswürfel in ein sauberes Tuch, dann binden Sie dieses zu und schlagen es heftig gegen den Küchentisch — oder eine andere feste und robuste Fläche ... in ganz harten Fällen macht's auch der Holzhammer.

Pimento-Drink

Aus dem Öl der Pimentbeere (Nelkenpfeffer) wird auf Jamaika ein Likör hergestellt, die unverwechselbare Geschmacks-Basis für diesen Drink.

Zutaten
3-4 Eiswürfel
4 cl Pimento-Likör
1 Schuß Tonicwater

Zubereitung
Die Eiswürfel in das Cocktailglas legen und mit Pimento-Likör beträufeln. Je nach Geschmack mit Tonicwasser aufgießen.

Chococo-Dream

Auf St. Croix wird ein Kokosnußlikör hergestellt, der einen ganz sanften Schokoladengeschmack auf der Zunge hinterläßt — der Chococo.

Zutaten
2 Eiswürfel
5 cl Chococolikör
5 cl Sahne
Kokosraspel

Zubereitung
Die Eiswürfel, den Kokoslikör sowie die Sahne in einen Mixbecher geben. Kräftig durchschütteln und durch einen Seiher in ein Cocktailglas gießen. Mit Kokosraspeln bestreuen.
Variante: Anstatt Eiswürfel zerstoßenes Eis verwenden und alles im elektrischen Mixer aufschäumen.

Foto:
Fruchtpunch
Rezept siehe S. 162

Refresco de Coco y Pina

Für dieses erfrischende Getränk wird Kokosmilch benötigt, die Sie folgendermaßen erhalten: 500 g Kokosflocken und 0,5 l kochendes Wasser in den Küchenmixer geben und das Ganze bei höchster Stufe eine knappe Minute lang durchmixen. Durch ein mit einem Tuch ausgelegtes Sieb gießen und fest ausdrücken.

Zutaten (für 2 Durstige)
500 g frische Ananas
0,5 l Kokosnußmilch
1 Päckchen Vanillezucker
1 Schuß Mandellikör
viele Eiswürfel

Zubereitung
Die Ananas im Küchenmixer feinst pürieren und fest durch ein Sieb drücken. Den aufgefangenen Saft mit den restlichen Zutaten aufmixen und in Gläser füllen.
Gut kühlen oder mit Eiswürfeln servieren.

Fruchterfrischung aus Jamaika

Rum ist zwar *das* Elexir auf den karibischen Inseln, aber man bekommt auch Wein, Sekt und andere Getränke. Wer's nicht lassen kann, der kann auch bei diesem Rezept weißen Rum beimengen.

Zutaten
500 g frisches Ananasfruchtfleisch
200 g Zucker
1 l trockener Weißwein
2 Flaschen Champagner oder Sekt

Zubereitung
Das Ananasfruchtfleisch in mundgerechte Würfel oder Ecken schneiden. Mit Zucker bestreuen, die Hälfte des Weißweins darübergießen und zugedeckt etwa 1 Stunde in den Kühlschrank stellen.
Kurz vor dem Servieren in ein Bowlengefäß, am besten auf einem Eissockel plaziert, geben. Die frischen Früchte mit dem restlichen Weißwein und gekühltem Champagner oder Sekt aufgießen.

Zubereitungszeit: (ohne Kühlzeit) ca. 30 Minuten

Um Rum kommt keiner drum rum: noch mehr Cocktails

Daiquiri

Auf Kuba gibt es eine Kleinstadt mit dem Namen Daiquiri. Und wie so oft in der Geschichte wurde auch hier ein Getränk mehr aus Verlegenheit als aus Experimentierfreudigkeit kreiert:
Ein Mann namens Jennings Cox wollte spontan angesagten amerikanischen Besuch nicht einfach mit purem Rum empfangen. So beschloß er kurzerhand, den kräftigen Rum mit frischem Limettensaft und etwas Zucker zu mildern. Gut gekühlt bot er diesen Drink an, und seither ist der Daiquiri aus der Barpalette nicht mehr wegzudenken.

Zutaten
6 cl weißer Rum
Saft von 1 Limette oder Limone
1 TL Zucker
2-3 Eiswürfel

Zubereitung
Alle Zutaten in einen Shaker geben und kräftig schütteln. Durch ein Sieb in ein Cocktailglas gießen, nach Belieben mit einer Limettenscheibe garnieren.

Pfirsich-Daiquiri
Peach Daiquiri

Die Herkunft des Namens „Rum“ ist nicht eindeutig zu klären. Die einen meinen, daß die letzten drei Buchstaben des lateinischen „Saccharum“, was Zucker bedeutet, die Bezeichnung für das Teufelsgetränk hergaben. Andere sehen den Ursprung in der englischen Sprache, in der im 17. Jahrhundert das Wort „Rumbullion“ — übersetzt soviel wie „Krawall“ — bekannt wurde.

Zutaten

1 großer reifer Pfirsich
Saft von 1 Limette
6 cl weißer Rum
2 cl Orangenlikör
1 TL feiner Zucker
4 EL zerstoßenes Eis

Zubereitung

Den Pfirsich schälen und das Fruchtfleisch klein würfeln. Alle Zutaten der Reihe nach in den Küchenmixer geben und 1-2 Minuten durchmixen. In ein gekühltes Glas gießen und sofort genießen.

Daiquiri aus Martinique

Der Original-Daiquiri wurde oft kopiert. Grundsätzlich galt es dabei, den Rum „milder zu stimmen".
Aus Martinique stammt die folgende Daiquiri-Variation, die mit einem dort hergestellten milden Rum, dem „St. James", gemixt wird. Das Geheimnis der Milde liegt darin, daß der Rum nicht aus Melasse, sondern direkt aus dem Zuckerrohrsaft hergestellt wird.

Zutaten
3 cl St.-James-Rum
5 cl Ananassaft
2 cl Lime Juice (Limonen- oder Zitronensaft)
2 cl Zuckersirup
3-4 Eiswürfel
frischer Ananasspieß

Zubereitung
Die Zutaten mit den Eiswürfeln im Shaker gut durchschütteln. Durch ein Sieb in ein Cocktailglas gießen und mit dem Ananasspieß servieren.

Wie Sie selbst frischen Ananassaft und Zuckersirup herstellen können, wird im Kapitel → *Typische Zutaten und Gewürze* unter den Stichworten *Ananas* beziehungsweise *Zuckerrohr* beschrieben.

Ananas-Daiquiri
Pineapple-Daiquiri

Meine Empfehlung: Machen Sie sich die kleine Mühe und verwenden Sie den frisch ausgepreßten Saft einer reifen, zuckersüßen Ananas.

Zutaten
5 cl. weißer Rum
0,2 l frischer Ananassaft
etwas Zuckersirup
3-4 Eiswürfel

Zubereitung
Rum, Ananassaft sowie Zuckersirup mit einem Schuß Orangenlikör in einen Shaker gießen und kräftig aufschütteln. In ein Longdrinkglas auf die Eiswürfel gießen.
Nach Belieben mit einem Ananasspieß garnieren.

Wie Sie selbst frischen Ananassaft und Zuckersirup zubereiten können, wird im Kapitel → *Typische Zutaten und Gewürze* unter den Stichworten *Ananas* bzw. *Zuckerrohr* beschrieben.

Rum Punch aus Haiti

Zuckerrohr ist in der Karibik fast gleichbedeutend mit Rum, denn der wird aus Zuckerrohr destilliert. Ein Sprichwort sagt: „Du kannst jeden Tag eine Stunde lang in der Sonne eine Cane (Zuckerrohrstange) kauen. Diese nimmt dir für Stunden den Hunger, aber fürs Leben die Zähne. Also lieber die Zähne behalten und Rum herstellen."

Zutaten
5 cl dunkler Rum
1 TL brauner Rohrzucker
Saft von 1 Orange
einige Eiswürfel

Zubereitung
Die Zutaten der Reihe nach in den Shaker geben und nur kurz durchschütteln. In ein Cocktailglas gießen und mit einem Strohhalm servieren.

Planter's Punch aus Grenada

Die Grundlage dieses köstlich erfrischenden Getränks besteht aus Rum und Fruchtsaft – treu nach dem traditionellen Motto: ein Teil sauer (Limettensaft), zweie süß (Zucker), dreie stark (Rum) und viere mies (Eis oder Wasser).

Zutaten
8 cl dunkler Rum
Saft von 1 Limette
1 EL Grenadine-Sirup
1 Spritzer Angostura
3-4 EL zerstoßenes Eis
frisch geriebene Muskatnuß

Zubereitung
Das zerstoßene Eis in ein Longdrinkglas geben. Die Zutaten vom Rum bis Angostura darübergießen und mit einem Strohhalm umrühren. Mit einem Hauch frisch geriebener Muskatnuß servieren.

Planter's Punch II

Es gibt unzählige Arten, einen Punch zu mixen, wahrscheinlich so viele, wie es Bars auf der Welt gibt. Nachfolgend das Rezept für einen Planters, wie ihn Frank Sinatra liebt.

Zutaten
4 EL zerstoßenes Eis
2 EL Rohrzuckersirup
Saft von 1 Limette
3 cl brauner Rum
Sodawasser nach Belieben

Zubereitung
Alle Zutaten in einem Longdrinkglas verrühren und mit Sodawasser auffüllen. Mit einer Zitronen- und zwei Orangenscheiben garnieren.

Wie Sie selbst Sirup herstellen können, wird im Kapitel → *Typische Zutaten und Gewürze / Zuckerrohr* beschrieben.

Pina Colada

Auch Pina Colada ist ein Mixgetränk mit Rum. Wußten Sie eigentlich, daß für die Herstellung von ca. 110 l Rum 1000 kg Zucker notwendig sind? Pina Colada ist die vollendete Harmonie zwischen Kokosnuß und Rum – wird aber auch an jeder Ecke der Welt anders gemixt.

Zutaten
6 cl weißer Rum
6 cl Ananassaft
4 cl Kokosnußsirup
1 cl Kokosnußcreme
3-4 Eiswürfel
1/2 Ananasscheibe

Zubereitung
Alle Zutaten in den Shaker gießen und kräftig durchschütteln. Durch ein Sieb in ein Highballglas gießen und mit der Ananasscheibe garnieren.
Nach Belieben zusätzliche Eiswürfel verwenden.

Wie Sie selbst frischen Ananassaft zubereiten können, wird im Kapitel → *Typische Zutaten und Gewürze* unter den Stichworten *Ananas* bzw. *Zuckerrohr* beschrieben.

Curaçao-Mix

Ein fein aromatischer Orangenlikör aus allerdings bitteren Orangen kommt von der Insel Curaçao.

Zutaten
3 Zuckerwürfel
4 cl Orangenlikör
2 EL zerstoßenes Eis (→ Herstellung *crash ice*, am Anfang des Kapitels)
Saft von 1 Orange
1 Schuß weißer Rum

Zubereitung
Die Zuckerwürfel im Shaker mit Orangenlikör übergießen. Nach einigen Minuten alle Zutaten miteinander „shaken".
Durch ein Sieb in ein Cocktailglas gießen.

Cuba Libre

Spricht man von hellem Rum, dann meint man meist den aus Puerto Rico oder Kuba. Auf Puerto Rico befindet sich die bekannte Bacardi-Brennerei, jedoch produzierte aus Kuba vor einiger Zeit gewaltige Mengen Bacardi, der zum Beispiel für dieses Rezept verwendet wurde.
„Cuba Libre" heißt übersetzt „Freies Kuba".

Zutaten
4 Eiswürfel
Saft von 1/2 Limette oder Zitrone
5 cl Bacardi Rum
Cola

Zubereitung
In ein Longdrinkglas die Eiswürfel geben. Mit Zitronensaft, Bacardi Rum und Cola nach Belieben auffüllen.
Mit einem Trinkhalm servieren.

Karibik-Cocktail

Stellen Sie sich vor, Sie liegen am Strand, das Meer rauscht, die Sonne versinkt rotglühend am Horizont, und hin und wieder nippen Sie genüßlich an folgendem Cocktail — was wollen Sie mehr ...

Zutaten

5 cl Rum
Saft von 1 Limette
0,1 l Ananassaft
einige Spritzer Angostura
1 EL Zuckersirup
einige Eiswürfel
Sodawasser

Zubereitung

Die Zutaten der Reihe nach in den Shaker gießen und kräftig durchschütteln.
In ein Cocktailglas gießen und genießen.

Wie Sie selbst frischen Ananassaft und Sirup herstellen können, wird im Kapitel → *Typische Zutaten und Gewürze* unter den Stichworten *Ananas* bzw. *Zuckerrohr* beschrieben.

Rum-Collins

Auch bei diesem Getränk macht der Bacardi Rum das Rennen, zum „Collins“ wird er u.a. durch die Beigabe von Sodawasser.
Wird für das Getränk kein Rum verwendet, dann könnte es z.B. durch die Beigabe von Gin oder Wodka Tom- bzw. Joe-Colins heißen. Die Barkeeper bestehen aber darauf, daß ein echter Collins nicht im Shaker geschüttelt, sondern nur im Tumbler verrührt werden darf.

Zutaten
5 cl heller Rum
Saft von 1 Limette
1 TL Zucker
3-4 Eiswürfel
Sodawasser
1 Maraschinokirsche

Zubereitung
Rum, Limettensaft, Zucker sowie die Eiswürfel in einem Tumbler verrühren und mit Sodawasser auffüllen. Die Kirsche auf ein Cocktailspießchen stecken und zum Rum Collins servieren.

Frozen Coqui

Die Kokossahne, die für diesen Drink benötigt, wird folgendermaßen hergestellt:

100 g Kokosflocken mit 1/8 l heißer Sahne begießen und zugedeckt quellen lassen. Lauwarm durchkneten, in ein Tuch geben, das Tuch fest auspressen und den dabei austretenden Saft auffangen.
Die Kokosflocken können Sie auf diese Weise noch zwei- bis dreimal verwenden.

Zutaten
10 cl Kokossahne
10 cl Sahne
1 Eidotter
1/2 Päckchen Vanillezucker
5 cl dunkler Rum
1 Schuß Orangenlikör
Muskatnuß

Zubereitung
Alle Zutaten bei höchster Stufe in der Küchenmaschine mixen. In ein gekühltes Glas geben und für 1 Stunde in den Gefrierschrank stellen. Zum Servieren mit frisch geriebener Muskatnuß überpudern.

Coole Drinks — auch mal ohne Alkohol

Frio-Frio

Frio-Frio ist eine eigentlich ganz simple Erfrischung, die bei vor allem den Kindern große Wirkung hat. Sie wird folgendermaßen zubereitet: in einen Becher einen Berg zerstoßenes Eis füllen und dieses mit beliebigem Fruchtsirup begießen.
Auf spanischsprachigen Inseln heißt diese Köstlichkeit Frio-Frio, zu deutsch „Kalt-Kalt", und auf anderen Inseln „Schneeballen" oder „Schneehörnchen". In der Karibik gibt es aufgrund der vielzähligen Früchte eine Reihe von Variationsmöglichkeiten.

Mango-Papaya-Drink

Ein antialkoholisches Getränk aus Kuba, das aus Mango- und Papayafrüchten mit beliebig viel Eis und Milch im Mixer püriert sowie aufgeschäumt wird, ist dieses Fruchsaftgetränk. Zusätzlich wird es vor dem Servieren mit frischen Früchten garniert.

Für Kinder eine leckere Sache, mit der man ihnen zudem spielend „viel Gesundheit" nahebringen kann.

Dieses Getränk ist auch unter dem Namen *Batido* oder *Refresco de Mango y papaya* bekannt.

Fruchtpunsch

Es gibt kalte und heiße Punsche. Die Besucher in der Karibik bevorzugen meist die kalten, die Einheimischen dagegen eher die heißen Getränke – der Hitze wegen.
Kalte Punsche sind meist vermischte Fruchtsaftgetränke, oft ohne Alkohol oder auch mit Likören und Schnäpsen angereichert. Auch die heißen Punsche mit oder ohne Alkohol haben einen fruchtigen Charakter und werden mit fein aromatischen Gewürzen wie Nelken und Zimt abgeschmeckt.

Zutaten
Saft von 1 Limette
Saft von 2 Orangen
0,1 l Maracujasaft
0,1 l Ananassaft
3-4 Eiswürfel
1 frischer Fruchtspieß, bestehend aus Ananas und Bananen

Zubereitung
Die Fruchtsäfte mit dem Eis kräftig durchschütteln und in ein Longdrinkglas füllen.
Den Fruchtspieß als Garnitur verwenden.

Stichwort- und Rezepteverzeichnis

(Rezepte fett gedruckt)

A

B

C

H

I

J

K

R

S